這才是真實的
巴勒斯坦

以色列殖民、
種族隔離下的抵抗與希望

王冠云——著
Cynthia Wang

THIS IS
PALESTINE

the stories of resistance
and hope against the Israeli occupation, settler colonialism, and apartheid

願將此書獻給我的家人，

尤其是我的丈夫睿理（Rani Hemaid）和

我的孩子王斯蘋（Alma Hemaid）、王斯棋（Zaid Hemaid）。

以及那些願意與我分享故事、勇敢的巴勒斯坦人們，

此書因你們而存在，希望我們能在巴勒斯坦自由的土地上再次相逢。

推薦序

人民視角的巴勒斯坦

包修平／國立暨南國際大學歷史系助理教授

以巴衝突、巴勒斯坦與以色列等名詞經常出現於國際新聞之中，該區域位於地中海東岸，屬於今日「中東」或「西亞」的一部分，擁有悠久的歷史與文化。上古時期，分別為亞述人、巴比倫人、埃及人、波斯人、希臘人及羅馬人等外族所統治。此外，該地區也是三大一神信仰猶太教、基督教及伊斯蘭的聖地。然而，每當新聞報導巴勒斯坦或以色列時，呈現出的不外乎是衝突或緊張的場景。至於巴勒斯坦人與以色列人到底在爭論什麼，則經常被新聞報導的衝突事件模糊焦點，或是新聞將衝突根源回溯至千年難解的歷史與宗教因素。

這幾年，臺灣出版市場有不少與「以巴衝突」相關的好書，例如美籍巴勒斯坦學者拉什德．哈利迪（Rashid Khalidi）的《巴勒斯坦之殤：對抗帝國主義的百年反殖民戰爭》與以色列學者伊蘭．帕佩（Ilan Pappé）的《這才是以色列：揭露歷史謊言和神話底下的以色列》，可說是當前西方社會了解以巴衝突的代表著作。這兩本書透過大量歷史檔案、口述歷史及多國文獻的對照，還原以巴衝突的真實樣貌。兩位學者直指一九四八年以色列建國前後，以色列政府的種族清洗政策及持續不斷占領巴勒斯坦人的土地，才是衝突的真正根源。哈利迪與帕佩不約而同表示，唯有以色列政府還給巴勒斯坦人應有權益，以、巴雙方才會有真正和平的一天。

作者王冠云的《這才是真實的巴勒斯坦：以色列殖民、種族隔離下的抵抗與希望》與哈利迪及帕佩的人道關懷相互呼應。她親自到耶路撒冷、西岸及以色列境內採訪巴勒斯坦人及支持巴勒斯坦人的猶太人，或是透過視訊、電郵訪問世界各地的巴勒斯坦人，其受訪對象包含小孩、青年、社運人士、記者、婦人及老人等。

冠云的書寫模式符合當前學界強調的人民視角，即大眾為了爭取應有的權益，透過組織及運動等方式，試圖去改變被宰制的狀態。此外，人民視角由於全球化之故，展現去疆界化的特點，世界各地具有同樣遭壓迫經驗的人群，可以透過社群網絡凝聚在一起，創造跨國認同及新的政治想像。

巴勒斯坦獨立記者拉姆齊・巴魯德（Ramzy Baroud）經常以人民視角，描述巴勒斯坦人不願受外來勢力支配的決心。他強調巴勒斯坦人不是僵化與被動的群體，即使國際人道組織的報告呈現出多少巴勒斯坦人死於以色列軍人手中，多少巴勒斯坦人的土地與家園遭到以色列政府的充公與摧毀，但在巴勒斯坦人眼中，這些僅是冷冰冰的數據，無法真正了解到巴勒斯坦人民的想法。*

當前有不少中文著作或文章談論「以巴衝突」，但冠云可說是少數跳脫獵奇視角，真正從人民視角來了解「以巴衝突」根源及現狀的臺灣人。由於巴勒斯坦及以色列無論在地理及心理上，距離臺灣相當遙遠，國人對此地區的認識不外乎以色列是臺灣學習的榜樣，或是巴勒斯坦人很暴力、很可憐的形象。這種刻板印象也許來自媒體、校園及社會團體長期的灌輸，形塑成臺灣主流對「以巴衝突」的認知。已故美籍

* Ramzy Baroud, *History from Below: Writing a People History of Palestine*, PhD Thesis, University of Exeter, 2015, pp.12; 48.

巴勒斯坦學者愛德華・薩伊德（Edward Said）在一九八〇年出版的《巴勒斯坦問題》（*The Question of Palestine*），即指出西方媒體對巴勒斯坦人的報導模式經常與難民及恐怖分子的形象結合。巴勒斯坦人無法為自己發聲，只有擁有權力的西方菁英分子才有資格評價巴勒斯坦人。然而，由於全球化的進展，愈來愈多巴勒斯坦人透過各種方式，向國際社會表達不願屈服以色列占領的決心與毅力。冠云的這本書，依據其個人的採訪及生活體驗，勇敢地展現巴勒斯坦人反殖民運動的努力，值得讀者一讀。

推薦序

親身參與的印記

廖芸婕／跨國自由記者

巴勒斯坦，無數記者的起點，也是無數記者的終點——無論指生命，抑或是報導價值的啟發、報導綿薄之力的夢碎。

自一九四八年、薩伊德筆下「最後一片天空消失」後，家園與自由遭剝奪的巴勒斯坦人，看著七十多年來，各國新聞工作者蜂擁而至、遭逢瓶頸、相繼離去、轉往其他更血脈賁張的戰場。即使對在地新聞工作者而言，說故事也是一項艱鉅的任務。高爭議地帶裡的敘事總向多極靠攏，客觀中立顯得虛偽，八面玲瓏更導致腹背受敵。如何把故事說清楚？如何與所有聲音保持專業的距離？在巴勒斯坦，每位謹守分際的在地與國際記者都有數不清「裡外不是人」的故事。

這是因為依著這塊土地而生的故事，注定在各種夾縫中游移。從空中看巴勒斯坦已是破布般被剪走一塊一塊的碎地，而布正逐年變小；穿梭在約旦河西岸谷地，抬頭望去，舉目盡是居高臨下、紅色屋頂錯落的以色列屯墾社區。然而，即使面對以色列軍事占領、侵門踏戶的濫捕濫砍、行政拘留（administrative detention）的不公、槍炮彈藥的死亡威脅、鯨吞蠶食的屯墾行動、《基本法－猶太民族國家法》的種族歧視、隔離牆下自由與尊嚴的蕩然無存……巴勒斯坦人卻依然是我所見過最擅長以幽默抵禦現實荒謬、以有限資源進行權力槓桿的一群人。

這七十年裡，許多平民被迫與煙硝一同成長，有些以冷兵器對抗以色列的精良武器，更多民眾則持續以絕食、靜坐、遊行、藝術創作等和平方式進行抵抗。困境催生生活的智慧，也啟發精采的作品，讓這塊充滿橄欖樹的土地，閃耀著迷人的能量。在巴勒斯坦無所不在的是在地社群人飢己飢、人溺己溺的互助精神；許多朋友在我第一次踏上這塊土地時，不顧自身負傷、殘疾、採訪器材遭破壞、牢獄之災或身家威脅——那些長年與以色列軍隊對峙後的傷痕——仍時時惦記我的安危，甚至脫下他們的翅膀給予我保護，以切身經驗指引我一段可靠的路。

當時，已離開巴勒斯坦的冠云，不吝熱心與我分享自身觀察。縱然立場不盡相同，冠云見證了我從一名熱衷穿梭於迥異觀點、頻繁奔波於以巴之間、極力保持多元觸角的記者，一開始拜訪屯墾區居民，與耶路撒冷親以派記者共度猶太安息日，與擁護一國論、兩國論者對話……到漸漸懷疑自身角色、書寫的功能。巴勒斯坦同為我們報導生涯中既心力交瘁且魂牽夢縈的土地，爾後，我涉足藝術，她走向學術，但這本書證明她沒有放棄說故事。基於自身專業，冠云清楚新聞產製、真相製造的過程，也同時提醒我們語彙的選擇，以及資訊操控的無遠弗屆。

閱讀冠云的文字，許多回憶湧入腦海。當離散、難民議題成為近年顯學，她所關注的不只是離開的人，還有更多仍守候在一塊土地上的人。她實地走入巴勒斯坦，進入當地居民的人生，而今，更與巴勒斯坦故事朝夕相處。這本書記載的有受主流媒體遺落的視角，有遭國際權勢刻意掩蓋的真相。她寫作的企圖，不試圖標記客觀而安全的遠方，而是親身參與的印記、消化經歷後的誠懇分享。

做為揭露者，其實需要付出代價。以色列慣用驅逐出境、拒絕入境等手段應對國際記者；批判以色列占領行為的各國創作者，亦陸續被貼上「反猶太」種族情結標籤，我所認識積極為巴勒斯坦發聲的人們，皆難倖免物理或精神攻擊。即使在臺灣，公開批評以色列所招致的打壓亦時有所聞。

然而，相對巴勒斯坦人，我們已無比幸運。在巴勒斯坦的日子，時常喪禮與婚禮並行；早晨互道早安的朋友，傍晚就被羅織罪狀入獄。當我因生離死別而難受時，是人們反過來以食物、歌聲與幽默安慰我。「你會記得巴勒斯坦的月亮。」他們說，為我的旅程——彼時仍擁有的移動自由——獻上祝福。察覺與生俱來的幸運及奢侈，有時並不好受，但只要有一個又一個幸運的人願意分享這份奢侈，接力將故事傳遞，或許有一天，人們終於能真正自由地移動、造訪彼此的家園。

前言

「真相」是什麼？

因為刻骨銘心地痛過，知道自己除了勇敢而別無選擇，所以他們成為最樂觀、最堅強，在戰地裡、槍口下也不忘微笑的一群人。

二〇二二年，夏

剛放下已經入睡且滿三個月的孩子，我匆匆收拾好廚房與客廳，拿著泡好的咖啡坐在沙發上，想藉機喘口氣。打開ＦＢ，回顧功能立刻跳出一連串去年的今日所發出的動態：

「二〇二一年四月以來，我的內心始終卡著一股強烈『罪惡感』，這些罪惡感常在我覺得快樂的當下冒出，給予重重的一擊。

以色列對巴勒斯坦的鎮壓手段在五月後愈來愈激烈，事情一件件爆炸開來，我幾乎每天都處於掙扎、瀕臨崩潰與失控的邊緣。我焦慮到幾乎每隔幾分鐘就要拿起手機看看有沒有人傳訊息給我，不斷刷新社群媒體的消息，緊張到追著各個在巴勒斯坦現場做直播、拍影片的巴勒斯坦記者與人權運動分子的帳號；我害怕收到在加薩走廊（Gaza Strip）家人的訊息，但更害怕沒有聽到他們的消息——**沒有消息，可能就是壞消息**。

以色列的鎮壓、巴勒斯坦人的抗爭持續好幾週，我的焦慮與壓力節節高升，腦中只剩必須不斷書寫巴勒斯坦故事的使命，不得不退掉當時博士班開的暑期課程。

以色列結束連續轟炸空襲加薩走廊後，我內心深知這絕對不是終點，繼續每天閱讀、書寫、分享一切相關資訊，終於，我撐不住了，我好累，我想休息。但同時，我厭惡這種想法，嚴厲地責問自己——

妳憑什麼休息？妳憑什麼覺得累？妳天生就像含著金湯匙出生的孩子般，有一本讓妳可以去許多國家旅行的護照，說走就走；妳高枕無憂地定居在和平且安全的加拿大，不需要擔心無家可歸的問題，不需要擔心今晚有沒有餓肚子的可能，妳已經享有這麼多巴勒斯坦人夢寐以求的『特權』了，巴勒斯坦人們卻天天都在生死之間徘徊。

我對自己的快樂產生質疑與罪惡感，這一切都好難。有時我甚至開始羨慕那些對世界上不公不義之事一無所知的人們，至少他們可以天真地盡情享受生活，不需要對自己感到快樂而充滿罪惡感吧？」

讀著這些動態，我的心和思緒就飄回去年的這時，眼淚竟然撲簌簌地落下，我還清楚地記得那些心跳加快、隨時隨地緊繃的日子。

二〇二一年五月十日起，國際主流媒體開始大篇幅報導以色列遭到駐點加薩走廊的哈馬斯組織（Hamas）攻擊，這些英文媒體的內容描述大多是這樣：「以色列和管理加薩走廊的哈馬斯政權開火『交戰』，為了防禦國家安全，以色列不得不向加薩走廊進行轟炸」。

以色列展開對加薩號稱「自衛還擊」的大規模空襲轟炸，前以色列總理班傑明．納坦雅胡（Benjamin Netanyahu）在十六日公開表示，以色列大型空襲的目的是讓駐點在加薩內的哈馬斯組織「付出慘痛代價」。加薩日夜受到轟炸，截至五月十七日，加薩共計至少二百人身亡，包括六十六名兒童，數千人受輕重傷；而以色列則有十三人身亡，包含二名兒童。

實際上，以色列空襲巴勒斯坦而成為國際焦點之前，緊張情勢早已升溫。以色列與哈馬斯的紛爭並非單一事件，若從短期背景來看，實質導火線有三。第一，歸咎於以色列強迫在東耶路撒冷（East Jerusalem）謝赫賈拉（Sheikh Jarrah）社區的巴勒斯坦人遷村；第二，在齋戒月期間對阿克薩清真寺（Al-Aqsa Mosque）發動武力攻擊；第三，來自於以色列在巴勒斯坦長達七十三年的殖民軍事統治與種族隔離政策。

謝赫賈拉社區位在東耶路撒冷，東耶路撒冷一直都被視為未來巴勒斯坦獨立建國後的首都，然而，以色列政府堅稱耶路撒冷為以色列不可分割之唯一首都，導致耶路撒冷的所有權一直是燙手議題。一九四八年，以色列建國後，超過七十五萬巴勒斯坦人被迫遷徙、流亡成為難民，其中約三千名巴勒斯坦難民來到謝赫賈拉定居。在聯合國近東巴勒斯坦難民救濟和工程處（UNRWA）與約旦在一九五六年的協議下，這些難民家庭應於三年後獲得土地擁有權，但一九六七年的六日戰爭後，以色列違反國際法占領東耶路撒冷，除了謝赫賈拉社區外，許多巴勒斯坦家庭也不斷面臨隨時被趕出家門的命運，二度成為無家可歸難民。

二〇二〇年十月，全球仍籠罩在新冠疫情的陰霾時，以色列法院毅然決然裁定，新入住的以色列屯墾居民，將「合法擁有」住在東耶路撒冷謝赫賈拉社區內巴勒斯坦所有的土地、房屋。共計十二個巴勒斯坦家庭突然面臨被以色列警察與軍隊驅逐出家門，強制將家族自一九四八年就居於此的家園、土地「讓」給以色列屯墾居民的境遇。法院甚至命令這些即將無家可歸的巴勒斯坦家庭，需要支付二萬美金的法律訴訟費給即將接手他們家園的屯墾居民。這些家庭與來自各地聲援的巴勒斯坦人和人權運動者表示他們將堅守家園，不願意搬家。二〇二一年四月三十日到五月一日間，以色列屯墾居民在軍警的護送下進駐謝赫賈拉社區，以色列軍警全副武裝非法強制驅離當地的巴勒斯坦家庭，多名巴勒斯坦人被打傷、逮捕。當時聯合國向以色列發出警告，根據國際法，以色列在非法侵占的東耶路撒冷進行強行驅逐行動可能構成「戰爭罪」。這起事件引發國內、外的巴勒斯坦人震怒，謝赫賈拉不是第一個因為要讓以色列屯墾居民非法入住而被踢出家園的社區——以色列在過去十幾年來不斷非法擴增屯墾區，占領在東耶路撒冷與西岸屬於巴勒斯坦自治區範圍的領土。東耶路撒冷的特殊地位讓這個事件如滾雪球般，引發許多巴勒斯坦人自發地從各地來到謝赫賈拉靜坐抗議，但同樣遭到武裝警察與屯墾居民暴力對待。一直到今天，還有數個在東耶路撒冷的巴勒斯坦家庭，每天受到屯墾居民與以色列警察的騷擾、警告，隨時可能被趕出家園。

二〇二一年五月七日是齋戒月的最後一個星期五，穆斯林視這一天為最神聖的星期五禮拜，數萬名巴勒斯坦人來到伊斯蘭第三大聖地——位在耶路撒冷的阿克薩清真寺進行朝聖禮拜。正當禮拜平靜進行時，以色列軍隊突然闖入，不分男女老少，向巴勒斯坦穆斯林丟擲聲光手榴彈、催淚瓦斯，掃射橡皮子彈。路透社（Reuters）報導，單這一天就有至少一百八十四名穆斯林禮拜者受傷，其中八十八名傷勢嚴重。第一波武裝攻擊後，以色列軍隊並未罷休，接下來的幾天裡，繼續天天發生相同狀況，更數次無差別攻擊在耶路撒冷舊城內的巴勒斯坦民眾。

此時，位在加薩走廊的哈馬斯發聲，要求以色列必須立刻停止在耶路撒冷聖城的暴力攻擊，否則將發動還擊。但以色列毫無停止攻擊之意，於是，哈馬斯發射火箭炮，以色列則還以連續十幾天的無差別空襲轟炸，國際主流媒體就是在這個時間點開始關注、報導。

即便巴勒斯坦民眾手無寸鐵，沒有武器槍枝，但他們有的是尊嚴與不屈不撓的勇氣。二〇二一年四月到六月的抗爭時期，每個巴勒斯坦人幾乎手機、相機不離手，無時無刻將以色列軍隊的暴行在社群媒體上直播，傳送第一手正確消息與影像。即使社群網路平臺（如FB、IG）不斷嘗試壓制消息，將這些直播或影片下架，但關掉一個，還有更多拿著手機站在前線的巴勒斯坦青年，年輕一代的聲音已經不再單單仰賴主流媒體，他們知道，**自己的國家與自由需要靠自己奮鬥、爭取**。

由於這些自網路傳出的第一手資訊，巴勒斯坦西岸、以色列各城市乃至於世界各地，開始出現聲援耶路撒冷與巴勒斯坦的聲音，許多人民自發性發起的大型遊行運動在各大城市萌芽，過去在主流媒體內銷聲匿跡的「巴勒斯坦之聲」開始引起愈來愈多人關注，甚至連國際影星、名流與名模都在個人平臺上聲援巴勒斯坦，各種以#Hashtag串聯起來的社群媒體力量漸漸成形。

愈來愈多人了解：**巴勒斯坦不是在軍事、行政、經濟對等的狀態與關係下和以色**

列「打仗」，這不是一場「戰爭」（war）或「衝突」（conflict），而是巴勒斯坦人自一九四八年以來，努力爭取基本人權，以及國家自主、生存和獨立權的反殖民運動。

在國際經濟政治操作、主流媒體影響下，許多人長久以來已經習慣以「衝突」理解以巴關係的觀念——包括在臺灣的閱聽眾，這是需要時間慢慢解構的問題。單以二〇二一年的事件為例，大多數西方主流媒體直到哈馬斯向以色列投射火箭炮前，對以色列在清真寺攻擊平民、違法驅離巴勒斯坦家庭一直保持沉默，而只在哈馬斯攻擊以色列後開始報導，更忽略交代以色列身為殖民政府的脈絡，便容易誤導本來就對這個地區的歷史背景不太了解的閱聽眾。

再加上，哈馬斯長期被以色列與歐美國家以恐怖分子建構起來的印象，也讓巴勒斯坦人民起義運動被蒙上一層陰影。一旦仔細了解背後的歷史就會知道，哈馬斯約興起於一九八七年，但巴勒斯坦的人民起義運動自一九四八年以色列建國後就從沒間斷過，哈馬斯還沒出現前的每一個巴勒斯坦人起義組織無論使用什麼方式抗爭殖民，總會和恐怖分子畫上等號。

寫文章時，我已經預期有讀者會問：「為什麼沒有以色列的聲音？」套句「黑人的命也是命」（Black Lives Matter）人權運動者的話——在以巴關係中要求「平衡」的聲音，就像在「黑人的命也是命」運動時大喊：「大家的命都是命」（All Lives Matter）。衝突與戰爭代表雙方有平等的武力進行殺戮，但擁有全世界數一數二科技軍事武力，以及美國、加拿大各國每年金援數億美金的以色列，與無實權的巴勒斯坦自治政府、無武器的巴勒斯坦人，真的不能用同一把尺衡量，以巴雙方不是對等關係，不能放在天秤上要求「公平」報導。

「公平」的準則由誰決定？難道，同時囊括以色列與巴勒斯坦的聲音就可以稱為平衡嗎？那麼，刻意不寫出來的歷史脈絡、前因後果，是否就因此誤導閱聽眾呢？

再者，恐怖主義由誰定義？如果你知道諾貝爾和平獎得主納爾遜・曼德拉（Nelson Mandela）曾被列在美國恐怖分子名單，還會覺得這些定義絕對正確、黑白分明嗎？

每一則故事都有一個視角，一如我們所知的歷史，都是由特定史觀所書寫傳續下來的。這不代表該視角正確或錯誤，但表示還有其他視角被刻意忽略，而我們在成長過程中吸收的資訊、知識和所認知的「事實」，是否都是這樣靠著某一視角累積下來呢？

這便是我編寫本書的初衷，希望能夠讓每個閱聽眾看到一個新的視角，聽到一些以前不曾聽過的故事。我的故事從來就不是用來「說服」任何人改變立場，也不希望閱聽眾看完這些故事後就定論任何事件的對錯。相反的，我僅希望能夠透過真實的人物故事，把巴勒斯坦的聲音傳遞出去，讓這個已經消失在主流媒體中，也鮮少以中文書寫介紹的聲音能夠被更清楚地聽見。任何閱聽眾們看完本書後，都可以自由選擇要不要看更多相關資訊，自行判斷與判讀其他相關文章。

除此之外，我也希望破除一些閱聽眾對巴勒斯坦的「刻板印象」。巴勒斯坦人世代經歷壓迫與暴力，但幾乎每一個人的臉上都充滿笑容，樂觀積極的態度讓人不得不心生好奇，是什麼原因讓他們在最艱困的生活裡還可以正面而快樂？在那片土地上，我找到了答案。

許多人好奇，為什麼我在臺灣土生土長，和巴勒斯坦八桿子打不著關係，卻會毅然決然地踏上這條報導、記錄、書寫，最後成為巴勒斯坦研究學者的路上呢？更有人誤以為我是不是因為嫁給巴勒斯坦人才這麼支持他們呢？我也曾經是個懵懂、不太知道關於以巴知識的人。大學進入阿拉伯語文學系以前，甚至分不清楚阿拉伯國家有哪些，而在推甄面試時大膽說出想去阿富汗做戰地記者這種無知言論。

許多人曾問我為了什麼目的書寫？我看到的「真相」是什麼？

這些問題，希望在閱讀完本書後，能夠帶給大家一些反思的機會，我相信每個人讀完後的想法與對以上提出的問題，都會產生不盡相同的答案。

目次

Contents

PART 5 高牆的另一邊——以巴關係裡的以色列／猶太人

PART 6 政治下的眼淚

Contents

PART 1

巴勒斯坦與我

別相信媒體？

此文書於我第一次踏上那片土地時第一週的日記，那時的我，對以色列與巴勒斯坦的認識仍僅限於媒體與文獻報導，這些紀錄真實地反映我在這條路上最初的思考過程與掙扎，為我打下現在做巴勒斯坦學術研究之路的基石。

其實一直不知道要怎麼寫巴勒斯坦讓我看見的故事，似乎無論從哪一個角度著手，總有些覺得不夠全面且不夠完整的缺憾，或許是太過在乎，反而遲遲寫不了什麼。

就從那片在特拉維夫（Tel Aviv）的海開始說起吧！

待在特拉維夫，這是旅程的第二天，我還在「以色列」這一邊。照慣例沒安排什麼行程，只是想用雙腳走遍大街小巷，於是走啊走，來到那片海。

我找了張椅子坐下，一個人靜靜地看海。看著海浪一波一波拍上岸，遙遙無邊的海岸線一路綿延到肉眼看不見的天邊，雲朵飄浮，這裡的冬天沒有像任何我起程前在英國遇到的人所豔羨的一樣「溫暖」，相反的，迎面吹來的海風倒是挺冷的，讓我抱緊雙臂。

事後回想這段坐在海邊吹風的記憶，讓我發現整趟旅行中最大的體悟便是：**別盲目相信——別盲目相信他人，別盲目相信媒體，別盲目相信自己能當個「遙遠的目擊者」**。

說別相信媒體實在有點自打嘴巴，畢竟我大學雙主修新聞系，畢業後進入傳統紙媒報社工作，後來出國念傳媒學位，目標一直是當個能夠寫調查報導、寫平民故事的人權記者，結果卻發現自己最大的體悟是別盲目相信媒體。

倒不是媒體或其他人說的不是真的——事實上，他們都是真的。

那些在以色列與巴勒斯坦發生的暴力、衝突、戕殺事件還是真真實實地每天上演，如果能夠閱讀希伯來文（以色列官方語言）或阿拉伯文（巴勒斯坦官方語言），兩邊每日的當地頭條新聞，幾乎不乏有幾名以色列人或巴勒斯坦人喪生、受傷、被捕的報導。

在倫敦政經學院讀傳媒的第二學期，我終於得以選修非常有興趣的課程——關於戰爭、衝突暴力、人權、恐怖主義等——每天讀上百頁文獻，隨著歷史脈絡，課堂上的同學都試圖去勾勒、描繪或搜尋答案和真相，關於衝突與戰爭，真的能夠帶來和平嗎？什麼是永遠的和平？

在這個全球化、資訊化、新聞商業化的地球村，戰爭已經不僅限於戰場，每一個人，每一個手握傳播力量的人，甚至是閱讀這些文字的你，都在參與發生於世界上每個角落的一舉一動，包括戰爭與衝突。

結合這樣的世界律動脈絡，再回到我所說的別相信別人，其實是指別輕易相信任何人給你的隻字片語，因為每篇文字、每張照片背後，都存在著隱形的權力轉移和移植。

出發到以巴地區前曾受到多方強烈阻止，擔心我一個女生過去，在當地又沒有認識的人，非常危險。說出計畫時，雖然許多人「激賞」我的勇氣，卻也有許多人譴責我的魯莽。研究所同學還熱心地提供我在主流媒體上的相關新聞，說那裡近期武裝衝突升級，提醒我務必小心。說完全不擔心是假的，我也事先讀了許多資料，暗自以為已做足功課。

然而，真實的以巴，和我的「想像」，以及過去在文獻與新聞中閱讀到的「再現」，都有著天壤之別。我深深體悟到，如果想當個好的報導者或世界公民，就別只當個遙遠的目擊者，更別做個被動的閱聽者——即使科技發達，掌握世界資訊好似在轉瞬之間，閱讀轉載或翻譯新聞遠比親自走訪來得輕鬆又「安全」許多，真相永遠不是「全面」；或者，更精確地說，我不該用「真相」這個詞，畢竟沒有什麼事情是黑白分明的真相與真理。但是，那些包裝過、以特殊觀點寫下報導的立場，為的是什麼？這成為我想去挖掘的答案。

回到那片海吧！在特拉維夫海邊靜靜坐了幾十分鐘後，一個在旁邊釣魚的人走向我，和我打招呼，他問：「妳從哪裡來？」我照例介紹了臺灣，並解釋臺灣與中國的差異，以及臺灣不是泰國。

接著，我反問他：「你從哪裡來？」事實上，這個問題很有趣，尤其是在這裡。這位漁人的外表看上去不像刻板印象中的「以色列人」——以色列人該長什麼樣子呢？當時我根據電影《辛德勒的名單》的印象，以色列猶太人應該有著像歐洲人一樣的白皮膚吧？

原本預期漁人會對我說他是巴勒斯坦人，不過他卻回答：「我是阿拉伯人、以色列人，我和家人都住在那裡，一個巴勒斯坦人的城市。」他手指向雅法（Jaffa）的方向。

這句答案看似矛盾，當下的我不甚理解，以色列阿拉伯人？以色列的巴勒斯坦城市？

這裡我想停下來說說關於身分認同（self-identity）的概念，指一個人對自我特性，以及與某一群體之間所共有觀念的表現。身分認同的類型大致可分為：拒絕、漂流、搜尋、保衛和堅定，是建立關於「自我」標籤的過程與結果。

試問自己，每當問一個外國人從哪裡來或哪裡人時，心中是否十之八九已經隨著這個人講話的腔調、長相、外貌、談吐內容，而有了預設答案？每個人多少對每件事情都有些預設立場，一個從自身文化、成長背景與教育內容的自我出發與建立起的立場，而這些臆測與立場卻可能與當事人對於自己的身分認同完全迥異。

套用回我說的，別相信別人，別相信媒體，因為從外面的所聽、所看，永遠都可能和主體所想、所認同的截然不同。接下來的每一天，在認識每一個改變我許多想法的以色列人與巴勒斯坦人後，都更加深刻地體悟這個想法。

每個人的自我認同與對世界的認知想法，同時是在許多歷史脈絡與「特權」（privilege）上建築起來。例如，生長在臺灣的我，對於海邊與海港沒有特別感受，第一次看到特拉維夫的海時，雖然讚嘆海的美麗，但心裡沒有特別激動或感動，對我來說，海就是海。

直到日後，我和伯利恆難民營的一位巴勒斯坦人成為好朋友，他告訴我：「我從出生到二十六歲，都沒有親眼看過海。直到獲得獎學金到法國一年，這對巴勒斯坦人來說真的是極度難能可貴、千載難逢的機會。我沒有住在巴黎，而是在一個偏遠靠海的小鎮。我還記得第一次看見海，興奮地在海邊又跑又叫一整天，我想那時候，在海邊的人可能都覺得我瘋了，一個二十六歲的大男人，怎麼像個孩子般在海邊玩耍、大叫。但我真的太興奮了，妳能理解嗎？第一次感受到海的感動？」

自一九四八年起，以色列建國，在數次戰爭後占領絕大多數此地區的土地，即使劃分為巴勒斯坦西岸自治區的地方，仍舊必須時時刻刻繃緊神經接受隨時闖入家中的以色列士兵盤查，或者是哪天，自己的土地、房子就那樣被當作以色列劃分的屯墾區土地被占去了。而在巴勒斯坦西岸自治區的城市，完全沒有任何一個地方鄰近海邊，唯一一個比鄰海邊、擁有海景的巴勒斯坦城市——加薩走廊，則是遭到以色列封鎖邊境，至今已長達超過十年。許多只因為是難民、是巴勒斯坦人，便始終無法獲得以色列的軍事許可證，藉此離開巴勒斯坦西岸，一生都沒有機會見到海的真面目。畢竟在已經四分五裂的家園裡，都得跨越重重隨時都可能對任何巴勒斯坦人開槍的以色列荷槍實彈檢查哨，或者繞過好幾座山頭的遠路冒險前往。

我感受著他即使是回憶過去，卻仍舊激動的情緒與感動。

我想不起第一次見到海時，心中、腦中所感受的悸動是否有這麼深，從我懂事開始，就擁有許多「特權」。幸運的因著在臺灣歷史上前人的努力、父母的支持，擁有許多機會可以拿著臺灣護照到處旅行。我從來不知道身處一座露天囹圄的感覺是如何，也不知道殖民或種族歧視為何。

來到以巴之前，我一直想著該當個沒有立場的中立者，我總是想著自己身為局外人，沒有資格選邊站，但現在我懂了，每個人都該有自己的立場，立場沒有對錯，我選擇支持巴勒斯坦，不代表我認為每個以色列人都是壞人，也不代表我認為巴勒斯坦人所做的每一項決定都正確。因為有了立場，更要小心，更要全面了解，情緒的立場支持不該與理性的數據資料分析混為一談。因為有立場、有情緒、有情感，所以我更加投入試著去同理、去理解。

從與巴勒斯坦人們一次次談話中，我聽見許多從前歷史課本從來沒教過的史觀，看見政治與經濟的影響，也目睹許多生命的無奈與無常，徹底改變我對「和平」和「衝突」的定義。離開巴勒斯坦的前一天，巴勒斯坦好友告訴我，他希望我可以寫更多故事，可是，他希望我能回來，再待久一點：「只有住在這裡，才能真的理解我們告訴妳的這些是什麼意思。」

然後我答應他，我一定會再回去。

從加薩「露天監獄」到加拿大，一段臺灣與巴勒斯坦的故事

二〇一六年二月十四日，倫敦／加薩

倫敦寧靜的午夜，霎時被床頭邊的鈴聲大噪劃破，半夢半醒的我急匆匆地抓起電話，畫面上顯示是巴勒斯坦號碼，來自他打來的國際長途電話，我快速接起，清清喉嚨掩飾語音中的睡意：「你還好嗎？」

「我要趕去邊界了，今天要再排隊試一次。」

我瞥了一下螢幕上的時間，凌晨三點，是他們那邊的凌晨五點。

「這麼早嗎？」我問。

「是啊！要沒時間了，我得趕在邊界剛開門前到達。記得我昨天對妳說的，今天一定、一定要去找妳的朋友納塔莎（Natasha），我不知道還有沒有時間打給妳，可能會很忙，但妳一定、一定要去找她，知道嗎？」

「好，你一切小心，有機會就和我聯絡，別讓我太擔心。」

「我會，妳放心，我要走了，記得去找納塔莎。還有，和她見面後打給我，電話響三聲就掛掉，我會回撥給妳。」他的聲音急促，不斷叮囑，電話那頭的背景音是以阿拉伯語交錯繁雜的嚷嚷對話聲。

夜晚又回歸寧靜，掛鐘的滴答聲已掩飾不過我撲通撲通的心跳聲。

這一切真的要發生了，他要離開加薩走廊了！

二〇一五年十一月，倫敦／加薩

「如果你最後進不了加薩，我會帶著相機，為你走遍加薩，記錄這裡每個角落的樣貌給你看。」電腦螢幕上是在視訊鏡頭另一端的他，臉上一如既往，鑲著溫暖無比的微笑。

二〇一五年，我踏上異域，在倫敦政經學院攻讀傳播媒體碩士學位，每天浸潤在有關媒體、網際網路、資訊科技的文獻中。在這個日新月異的科技時代，我常常思忖著身為地球村公民的自己，似乎已經理所當然被加冕了能夠無國界溝通的權利。

年底，趁著碩士班的第一個溫書假期，我決定隻身赴往巴勒斯坦旅遊，為將來能在此成為記者之路打個先鋒、探探路。我開始地毯式查詢、閱讀相關資訊，與當地的非政府組織人員聯絡，安排自己的時間，以便能深入了解當地情況，好勝過僅走馬看花的觀光客。於是，透過看不見的那條網際網路之線，牽起身在巴勒斯坦加薩走廊的他與我的緣分。

睿理（Rani）在加薩走廊的非政府組織內擔任專案經理，兼任加薩伊斯蘭大學的講師，我透過朋友的介紹與他聯繫，請他協助我申請外國人進入加薩走廊的程序。

加薩走廊，這是一個被外交部畫上紅色警戒的區域，一個在西方政權眼中被視為毒瘤的哈馬斯豢養之地，一個在新聞媒體裡令人毫不陌生的地方，一個只要談起戰爭、不安紛亂，就會讓人聯想起的一畝方寸。

地理位置上，加薩走廊與其餘巴勒斯坦自治政府管理的西岸地區，被以色列建國後的占領之地硬生生從中劃開，兩邊人民自此互通往來加倍困難，總要跨越重重關卡。

政治上，加薩走廊不受於西岸法塔赫政黨（Fatah）組織的自治政府管理，而是由巴勒斯坦另一大黨「哈馬斯」所掌控。哈馬斯主張武力反抗以色列的軍事殖民，認為和平談判不是巴勒斯坦建國夢的首要選擇，被以色列與許多西方霸權國家標籤為恐怖組織。二〇〇七年，以色列與埃及達成協議後，便開始兩邊超過十餘年至今的加薩走廊封鎖。

「過去幾年，對我來說特別煎熬，我身陷囹圄。」剛認識的一次對話中，睿理這麼形容著。

我驚異：「你坐過牢？犯了什麼罪？」

「不，我是說這裡，加薩，我們都說這裡像座監獄。」他嘆息。

加薩走廊不同於全世界的任何一個城市，普通人沒有特定的以色列官方許可進不去，加薩人也出不去。以二〇一六年為例，過去平均三年，大約只有八千名巴勒斯坦人曾獲得許可*，自緊鄰埃及的拉法（Rafah）邊界離境；而與以色列交界的埃雷斯（Erez）邊界，除非特殊原因、獲得VIP身分、為國際大組織（聯合國或無國界醫師等）工作者，或者緊急醫療因素之外，這扇布滿電籬鐵絲的以色列邊境關口絕對不會對巴勒斯坦人敞開。

即便加薩走廊名義上仍隸屬巴勒斯坦，以方建國後的阻撓與二〇〇七年後邊境的封鎖，讓身為巴勒斯坦人的他從未有機會造訪任何一座位於西岸的巴勒斯坦城市。

他總感慨地說：「每每我遇到來過以色列、巴勒斯坦旅行的旅人，看著他們興奮地和我分享去哪座城市，看了哪些景點，我都只能想像，想像在牆的另一邊，我的國家究竟是什麼樣子。」

加薩人沒有任何行動自由，他們的水資源、土地、一切陸路和海路進出口都受到以色列軍方管轄，二〇〇八年加薩戰爭毀壞了境內的發電廠，以軍不讓任何建築原料進入，除了戰爭炸毀的房子至今不到十分之一能夠重建，每天供電平均只有四到六小時，沒有3G無線網路，沒有進口足夠的基本原料，他們成為最有「創意」的一群巴勒斯坦人——車子沒燃油了，加減混著廚房的食用油；沒有電，只好蓋起各種收集能源的電板、人人家裡皆有儲電機、儲水塔，備用發電機也是必備的，畢竟隨時隨地可能會面臨斷水、斷電、斷能源的危機，一如他們曾經經歷過的三次戰爭。加薩人出不來，外面的人進不去，這是座「露天監獄」，關在裡頭的人，無人知曉自己的刑期究竟還有多長。

一次視訊聊天時，我看見他一歲多的小姪女拉法芙（Rahaf），圓滾滾的大眼睛十分深邃，無比天真，無限美麗，就和一般孩子無異，像天使的化身，活蹦亂跳的她，一下子就按耐不住坐在螢幕前，蹦跳地跑開了，鏡頭追著她的身影，他開玩笑說：「她永遠都有用不完的精力，永遠都這麼活蹦亂跳，畢竟，她出生在戰爭裡，比我們都知道該怎麼用力、開心、充滿活力地活著！」

拉法芙誕生在二〇一四年七月，正是以軍空襲加薩最猛烈的時期，瓦礫堆中誕生

＊巴勒斯坦總人口數約五百三十萬人，三百二十萬住在西岸自治區，二百一十萬住在加薩走廊，另有一百七十萬住在以色列境內，但只有前述非以色列公民的五百三十萬人需要申請許可證。

的女孩，成為一個活生生的例子——在灰暗死亡中誕生的希望，在我眼前眨巴著大眼睛，眼波流轉，笑聲琅琅。

申請進入加薩，絕非像是帶著暢行無阻的臺灣護照背包客旅行，輕鬆拍照、打卡般順利愉悅。重重的關卡總是擋在前方，最後，我仍被以色列軍方拒絕入關。

成長過程中，我已經習慣新聞自由與各項的人身自由，而遺忘在我以為最為無限制的網路世界裡，存在的卻是最多的控制與監視。

收到拒絕信後感到無比喪氣，我說：「好難，真的好難，我知道自己很蠢，你們都想出來，就只有我想進去，我聽起來像個不惜福的公主。」

他安慰我道：「別洩氣，永遠都有希望，妳要記得我們雖然不一樣，雖然一個想離開、一個想進來，但我們想做的事情都一樣，我們的目標『和平』也一樣。如果妳真的最後沒有成功拿到許可，我答應妳，我會拍攝加薩每一寸角落的樣貌給妳看，就好像妳真的親自到訪一樣。」

我的眼眶已濡溼，心頭好重，他面對生死，面對看似沒有希望的未來，卻反倒安慰著我別放棄希望。

二〇一六年二月十四日，倫敦／加薩、埃及、邊境

傍晚，我依照他在凌晨撥來的電話指示，來到納塔莎的宿舍與她見面。在倫敦念書時，我認識同系所的納塔莎，雖然我們性格迥異，卻意外成為無話不談的的摯友。

納塔莎將一個小小的紙袋遞入我手中，「這是他要給妳的，你真的很有心。」我小心地把紙袋放入包包中，以免外頭的雨水將之淋溼。「我先回去了，我還要打電話給他，他今天要跨越邊境，到現在還沒聯絡過我，我有點擔心。」我向納塔莎解釋。

回到宿舍後，我撥了通國際電話，響三聲後掛斷，這是我們之間的代號，他總是叮囑我不需要花錢打國際電話給他，他總會事先買好預付卡回撥電話給我。

電話鈴聲在一分鐘後揚起，我接起電話，焦急地問他：「你還好嗎？怎麼都沒有打給我？」

「別擔心，我已經通過加薩邊境，現在在埃及的等候室，他們現在把所有加薩人都集中在這個房間，明天早上才會用巴士把我們全部載去開羅機場。妳見到納塔莎了

嗎？拿到禮物了嗎？」

「見到了，到底是什麼呀？巧克力嗎？」我拿出小紙袋，「怎麼這麼神祕，我以為你不過情人節的，因為你之前說從來不過西洋節日……」我一邊喃喃自語，一邊拆開包裝，裡頭是個小盒子，逐一打開後，看見內容物的瞬間，我沉默了。

「妳願意嫁給我嗎？」電話另一頭的他這麼問。

小盒子裡是刻了我們兩人名字的戒指。

儘管隔著看不見對方的電話線，我仍能感受到他語氣中的興奮。

我不知道是感動的情緒，抑或是當下說願意的我牽制於一時愛情的衝動，「但是你知道的，這不算數，我才不接受電話求婚。」我抹去眼角的淚水，不想增添已經在跨越邊界水深火熱中的他更多壓力，笑著對他開玩笑。

二〇一六年二月十五日，倫敦／埃及

一整天了，我沒有接到來自他的任何訊息或電話，雖然我知道他過了埃及邊境後，就等同入境埃及，沒有埃及電話卡的他，理當不會有訊號。但一整天過去了，只是從邊境到開羅機場，需要這麼長的時間嗎？我打開 Google 地圖，計算著若是自邊界到機場，最多不過半天車程吧？

我整日像熱鍋上的螞蟻，無法入眠，坐立難安，直到快凌晨三點才輾轉入睡。

不知過了多久，床頭手機的吱吱震動聲將我自不安的夢境中驚醒，我迅速接起，「你在哪？我寫了好多訊息給你，打了好多通電話，什麼都不通。」我一股腦地喊著，眼淚簌簌流下。

「我在開羅機場了，妳別擔心，我只是要打給妳說一切都好了，現在沒有時間解釋這麼多，我們抵達機場後又被轉送到另一個小房間，那裡什麼都沒有，也沒有訊號或網路可以聯絡。」

「那你現在怎麼能打給我？」我的聲音顫抖，感覺自己早已毫無理智。

「我怕妳擔心啊！我賄賂看守房間的埃及警官，所以他放我出來打電話和訂機票，我的時間要到了，得回去房間了，但妳別擔心，一切都會很順利。」

二〇一七年一月十五日，加拿大

一大早，我就被他的電話吵醒，「快起床，我們今天要去阿爾比恩（Albion Falls）瀑布區健行。」

「蛤？可是現在很冷耶，你要怎麼健行？」

「別問這麼多，趕快起床梳妝準備好，記得帶上相機，我們等一下開車來接你。」

一小時後，我們與其他幾個加拿大好朋友一起驅車抵達瀑布，雖然我不斷嘟囔著好冷，但看著眼前一整片瀑布結成白色冰霜，仍舊忍不住拿出相機，架好腳架，準備記錄這片美景。

「我們去中間合照好不好？」他指著在瀑布下湖中間的一塊大石頭對我說，「那邊有結冰的瀑布當背景，應該很美。」

冬天的湖水水位極低，他牽著我一蹦一跳跨越裸露出淺水灘的小石塊，緩慢來到湖心中央。

正當我站穩腳步準備向相機那側的朋友揮手示意時，他拉住我的手，單膝下跪，在我還沒來得及反應前，他自口袋掏出一個絨布小盒子說：「妳願意嫁給我嗎？」

我在朦朧的視線中凝視他笑得燦爛的臉龐，儘管北風颼颼，我的心卻像是沁潤在最溫暖的陽光中，被厚實地包裹著，感動、激動的情緒如同浪潮般，有層次的慢緩緩漸增，席捲至我的全身每個細胞。

一年多前，在三度空間認識他，而後在我第一次造訪巴勒斯坦時，趁著他來到耶路撒冷參加美國大使館面試後，短暫三小時的會面至今，幾個月的時間內，我們的生命卻轉了好幾回。

我曾抗拒走入這段感情，卻身不由心地跌入愛情的泥淖。很多人說：「別和阿拉伯人交往啊！」「別和穆斯林交往啊！」他不但是阿拉伯人、穆斯林，還是身分最充滿爭議的巴勒斯坦加薩人啊！

我回憶著曾哭著對他說：「你出不來，我也進不去，我們根本沒有未來啊！」

當時他說：「給我三個月的時間試試看，如果我出不去，我們就放棄。」

其實，對巴勒斯坦人來說，時間表從來不是自己可以訂的，畢竟邊境關口什麼時候會開，沒有人知道。

但他真的做到了，那句話出口的三個月後，他離開了加薩，用積攢數年的存款讓我在他抵達目的地前各個地方相遇。然而，更大的挑戰來臨，他決心要去加拿大申請難民政治庇護。他說，我要讓未來的家人不再受到身分認同之苦，不再活在戰爭中，不用終日膽戰心驚於生死存亡的威脅。

我總是抑制自己在任何對話過程中讓他回憶起跨越邊境的細節，那段他離開加薩後，輾轉抵達加拿大的過程。因為他曾告訴我，那是他非常想抹去的記憶。

「通過加薩的邊境等候並進入埃及邊境後，我幾乎一整天沒有吃、沒有喝，因為所有巴勒斯坦人都被聚集在埃及邊境的一間小房間裡，沒有餐廳、沒有廁所，大夥擠著取暖，坐著、挨著彼此或躺在地上休息睡覺。等候一整天後，我們被塞回巴士，送往開羅機場，幾乎每隔一公里就有檢查哨，我們必須下車，步行通過一個個檢查哨。」我回憶起他電話求婚隔日（十五日）早上最後一通電話後，我如何在一整天失去了他的消息後焦急緊張的情緒。

看著眼前的他，和四周環抱著我們的這片冰天雪地，這是個我原本以為永遠不可能實現的願望，或者說是「奢望」。

「我願意。」

他為我戴上戒指，抱著我，笑道：「這下妳終於不會再說我沒誠意，只用電話求婚了吧？」

我也笑了，終於，那個從加薩開始的愛情故事，沒有被關在加薩走廊的露天監獄，沒有困在以色列的邊境關口，而得以自由地被寫下去。

二〇二二年七月，加拿大

坐在加拿大小鎮的山丘上，我與他肩並肩眺望夕陽，鳥瞰那片被暈潤成絳紅色的湖，四歲的女兒開心地來回追著鴿子跑，而一旁的小嬰兒正安穩地睡在推車裡，絲毫不為外界的喧擾所動。

一面望著公園內一群群在落日餘暉中準備返家的人們，一面想著一路走來的一切，我問他：「你現在如果能夠擁有一本可以自由旅行的護照，最想做的第一件事會是什麼呢？」

他想了想，說：「我希望能夠訂張機票，回去看看巴勒斯坦，去西岸，去看看我的國家，那些別人告訴過我的巴勒斯坦，究竟是什麼樣貌。這是我過去從來沒有辦法實現的願望，我一出生就是難民，以色列在一九四八年建國，將我的祖父母趕出了家園，我一直沒辦法忘記小時候爺爺緊緊握住他家鑰匙的模樣。」

語畢，我們兩人陷入一段沉默。這段話背後充滿希望，卻也乘載了滿滿的痛，畢竟，這個探訪巴勒斯坦的旅程，對他這輩子來說可能永遠都只是個「夢」。

因為，即使度過重重危機而遠渡重洋來到安全的國度加拿大申請政治庇護，巴勒斯坦加薩人在出生的那一刻，命運就已經被決定了。不論是拿美國或加拿大，還是歐盟任何國籍的護照，巴勒斯坦人只要曾註冊出生資料，一輩子在以色列的國家安全資料庫裡就是「巴勒斯坦人」；加上他來自加薩的背景，這個身分證上的註記使每個加薩人都被以色列官方視為「恐怖分子」嫌疑犯。

以色列殖民占領沒有結束前，他永遠沒有機會能夠進入被以色列占領的西岸自治區，沒有機會親自到伊斯蘭聖地阿克薩清真寺朝聖，更沒有機會能夠回到自己家族過去世代居住、現已被以色列占領在亞實突（Asdood，現為以色列城市）的「家」。

我們兩人都深知這個事實，但有默契地沒有說出口，沒有戳破這個「夢」。聽著、想著這段話，我的思緒悠悠地飄回好幾年前的巴勒斯坦。

離開巴勒斯坦後的第一年，我突然失去寫作的動力和能力。說也奇怪，筆記本與相機記錄了好幾百筆的採訪資料和片段，但每每提起筆，我卻有種無力感：腦海裡不斷地浮現各種在巴勒斯坦看見的、來自以色列殖民軍隊犯下的各種暴行，筆下卻吐不出任何字句，只發現自己深深陷入愈來愈抓不住的情緒泥淖裡。

曾經在巴勒斯坦人的回憶錄集冊中，看見一句這樣的評論：「在巴勒斯坦一年，像在外過了五年。」

我細細思索起來，發現此話真不假。

不僅是因為在巴勒斯坦，有時會不自覺忘記時空的存在，就這樣跌入與巴勒斯坦人生活緊密的不可分割、超過六十年的以色列壓迫占領深淵中，一天過去是一天，好像看不見時間軸的終點，不知道何年、何時這樣的壓迫占領才能給人喘息的機會。

另一方面，也是因為流失在時間裡的成長痕跡，在巴勒斯坦的生活太過困難，生命太過緊繃，你不知道下一秒，自己的名字是不是就會成為被寫在牆上的殉道者。因此，每個巴勒斯坦人都把每一天活得很用力。不知不覺中，我無意感染到這種氛圍，短短數月裡，看見活生生的死亡場景，聽見太多哀愁，必須瞬間擠入一甲子的哀愁，又逼著自己在簽證到期時不得不往前跳過六十年的暴力，繼續向前走。

每次與朋友道別時，他們總會對我耳提面命：要和我們保持聯絡、千萬別忘了我們、要再回來、我們隨時歡迎妳、巴勒斯坦是妳的家。

那些話聽在耳裡非常痛——心裡感動，卻同時像被針扎一樣刺痛，因為我沒有辦法給承諾，在巴勒斯坦繼續被以色列占領、還沒有解放獨立前，我永遠都無法預期下一次能踏上這片土地的歸期，也總害怕有一天會在打開每日訂閱的當地新聞時，看見熟悉的名字或相片出現在新聞的殉道者標題或字裡行間裡。

他們的道別是這樣的深，卻又那樣的淺。

他們不太會逼著我回應對我的一次次邀請，就只是這樣握著我的手，對我說：「別忘記我們。」然後瀟灑轉身，回到他們的生活中。這些道別有時淺到令我鼻酸，因為我知道，他們心中也清楚，這些不斷承諾彼此的下一次不知道是什麼時候。

巴勒斯坦人總愛在安排任何事情或會面後加一句「Inshallah」（因沙拉，是阿拉伯文中期許「真主願意成全」之意），但聽到這句話時，我總是不經意地蹙緊眉頭，心口一揪。那句話出自他們口中時，是真真切切希望真主成全他們的計畫，畢竟沒有人能預測，自己是不是明天將被無緣無故羈押、甚至喪命槍下。

我腦中突然浮現起二〇一八年第一次在歐洲機場與公婆道別的場面。

那是我第一次與住在加薩的公婆見面，也是先生在離開加薩三年後，第一次重新與父母團圓。曾經，我們嘗試為他們申請來加拿大旅遊與探親的簽證，卻總是因為巴勒斯坦加薩人的身分而屢遭拒簽，好不容易，透過婆婆親戚在德國大使館的幫忙，兩人順利申請到申根旅遊簽證，我與先生和當時僅六個月大的女兒，特意自加拿大飛到歐洲相見。

短短相聚幾週後，我們便在簽證到期、必須回國工作等生活壓力下道別。在機場送行時，彼此都心知肚明，不知道下一次能再相見是什麼時候，或者，還有沒有這個機會。但先生仍不斷開玩笑，逗大家開心。

揮揮手，公婆的背影消失在出境安檢門後，他才淡淡地說：「我表現出難過的樣子對他們沒有幫助，只會增加他們的難過。不掉眼淚的人，心中更痛。我永遠不會忘記，在我決心離開加薩、不再回去的那天，媽媽陪著我打包行李，沒說什麼，也沒有在我面前掉淚。當時的我既緊張又興奮地準備離開，心裡只想著總算能夠逃離戰爭，卻忘了好幾次她背著我擦掉的眼淚。」

我想，有時候那些很淡的，都來自於很深、很深的情感。看起來淺的，或許因為真的太過在乎。再怎麼苦，日子還是要過下去。分離時不說出的苦與不捨，有時是因為知道太多的眼淚與哀傷，不如換一個微笑與相知的擁抱。

我看著眼前的兩個孩子和平靜的加拿大湖面，心中矛盾的同時充滿了絕望與希望——誰知道呢？或許在我們有生的未來就有那麼一天，巴勒斯坦獲得了自由、建國，世界各地的巴勒斯坦難民就有機會與權利回家、團圓了呢。

巴勒斯坦危險嗎？

談起以色列，對大多數住在臺灣或亞洲的人來說，印象是高科技、沙漠綠洲、先進已開發國家；特拉維夫的同志彩虹遊行更是在以色列政府大力宣傳下廣為人知，被部分中文媒體譽為「中東的同志天堂」。我在二〇二二年初為巴勒斯坦籍丈夫申請來臺的依親簽證時，甚至還在臺灣辦事處的「居留或定居健康檢查項目表」上看到以色列被歸類在「歐洲區」。

而當我提起巴勒斯坦時，許多人則感到陌生。巴勒斯坦登上國際新聞頭條大多是以巴衝突升溫、人員死傷慘重的時候，給許多人的既定印象似乎與危險、恐怖主義牢牢畫上等號。這些年來，不約而同被聽過我走訪巴勒斯坦的人問過這個問題：「巴勒斯坦？和巴基斯坦不一樣嗎？」

當我打開 Google 地圖指出巴勒斯坦在哪裡後，對方可能驚呼：「這裡不是以色列嗎？」隨即又提出許多相似的問題：「那裡是不是有恐怖分子？」「那是阿拉伯國家？他們是穆斯林，信奉伊斯蘭？女人是不是很可憐？」「巴勒斯坦？中東？那裡不是一直打仗嗎？很危險吧？」

巴勒斯坦危險嗎？這大概是榮登我被詢問過的問題第一名。我們就來談談巴勒斯坦的「危險」吧！

二〇二二年夏天，我與丈夫睿理一起參與巴勒斯坦好友在加拿大的婚禮。好友和睿理一樣是自加薩走廊到加拿大申請政治庇護的難民，因此，仍在加薩的家人皆因為她尚不是加拿大公民，而無法獲得加拿大的簽證來參加婚禮。

婚禮上，我的注意力被坐在主桌、穿著傳統日本和服的一對亞洲夫婦給吸引。新娘和我們打招呼後，特意帶著我和丈夫一起去認識這對日本夫婦。原來，凱（Kai）曾是日本NHK電視新聞駐加薩的外派記者，也是新娘的前主管。

凱表示，新娘是他合作過最棒的巴勒斯坦記者，在加薩工作的那幾年，凱和新娘的一家人成為很緊密的好友，這次特地從華盛頓開車到加拿大，是代表新娘在加薩無法前來的家人們出席這場婚禮，也解釋了為什麼會坐在新娘主桌。

一聽到我是臺灣人，凱親切、熱烈地與我們聊起來。我們說起各自在巴勒斯坦的工作經驗，我笑著說自從去了巴勒斯坦後，最常被問的問題就是會不會感到危險，於是我也問他：「你曾經感到危險嗎？」

凱想了想說：「二〇一四年加薩戰爭爆發時，我正好在加薩，新娘的家人都很保護我，說我的人身安全是他們的第一責任，我常感覺他們比我自己更在乎我的安危。」

凱的一席話讓我感觸甚深，的確，做為在巴勒斯坦的記者，從來沒有人可以獨立作業；在這裡，大家講求的是關係，是情，也是義。

每一個採訪故事的來源與資源，都是來自許多記者不吝分享的結果——在這裡，儘管沒有衛星傳送、無線網路，人們卻用最原始且自然的方法，搭建起最強健的人脈與資訊網路，想找到什麼樣的受訪者，端看自己能夠認識多少好朋友。

每位我所認識的巴勒斯坦記者，總是無私地和我分享該怎麼聯絡哪位受訪者和他們手機裡的通訊錄。

在子彈煙硝的驚險歷程中，我看見記者與抗議者們總是不分你我、互相保護。儘管大家頭上戴著不同職業的帽子，卻都穿著一樣的衣裳——印著斗大的、我們願為巴勒斯坦發聲的衣裳。

記憶猶新，二〇一六年，身為自由記者的我，初來乍到巴勒斯坦，第一次和其他巴勒斯坦記者去前線採訪時，全身的設備還不齊全，一位高大的巴勒斯坦記者看到我，立刻要脫下自己的防彈背心、摘下安全帽給我穿戴，我著急地拒絕，他身為巴勒斯坦人，會被以色列狙擊手攻擊的機率極高。但他的這個舉動卻讓我無法忘懷，也從此讓我學習到，在這裡，沒有記者可以單打獨鬥地作業；我們每個人都必須「非獨而立」地合作和進行採訪工作。

和凱的對話與這段回憶促使我開始反思，當我面對「巴勒斯坦危險嗎」這個問題時的心境。要說我在巴勒斯坦的日子裡，從來沒有因為看到煙硝子彈、坦克或以色列士兵而感到緊張、害怕絕對是假的。但為什麼我總是回答不覺得危險，反而常鼓勵大家親自走訪呢？

回憶與印象中的巴勒斯坦是一個讓我感到溫暖而安全的地方，我深切記得的是他們的熱情好客，是他們的爽朗笑容，是他們和我一起抽著水菸、談夢想的回憶。

有很長一段時間，我不清楚為什麼自己在這座外人眼中的「中東火藥庫」內從來不感到害怕，直到過了許多年後，才漸漸理解。不害怕是因為我的身分所給予的「特權」——一個在以色列實行種族隔離政策下，我身為「外國人」的特權。

身為外國人，我無意間地參與，成為以色列種族隔離政策下的既得利益者。我不是巴勒斯坦人，因此不是造成以色列國家安全威脅的對象，自然不會成為被攻擊的目標。另一方面，我總是受到巴勒斯坦人熱情款待，除了生性好客外，也是因為我是個「外國人」，在邊境受到以色列控管和新聞媒體意識形態的操作下，能夠進入巴勒斯坦且熟知當地現況的外國人實在有限，於是，巴勒斯坦人總是對外國人和外國的生活、事務特別好奇。我時常聽到許多人興奮地分享去過以色列的旅行經驗，這些人大部分不會錯過到耶穌誕生的聖地伯利恆一日遊的機會，但他們卻完全不知道，伯利恆並非以色列，而是「巴勒斯坦」。

我慚愧地理解到，當我大言不慚告訴大家巴勒斯坦很「安全」時，事實上是忽略了巴勒斯坦人生活在軍事殖民與種族隔離政策下、每天面對生離死別的現實。

我可以毫不畏懼地在過檢查哨時大方向持槍的以色列軍人秀出臺灣護照和簽證，

卻忘了這是巴勒斯坦人最害怕的日常夢魘之一。

有一次，我和巴勒斯坦好友一家人乘車去鄰鎮參加婚禮，路上出現臨時架設的以色列檢查哨，遠遠的就開始感受到全車的氣氛凝重起來，開車的大哥不安地皺起眉頭，坐在我旁邊的妹妹也緊繃起來，但她看了我一眼說：「還好妳在我們車上。」

當時的我不全然理解這句話的意義，而今天，再次想起這句話時，我不禁鼻酸。

「巴勒斯坦危險嗎」這個問題，我曾在一場對話中和睿理與另一個移民至加拿大的巴勒斯坦朋友伊雅德（Iyad）討論過。

「大家總是問我巴勒斯坦危險嗎，你們是巴勒斯坦人，曾經覺得自己生活在危險當中嗎？」

來自西岸自治區的伊雅德沒有正面回答我的問題，而是回憶道：「二〇〇〇年第二次巴勒斯坦大起義後，我被公司派去美國出差，從約旦邊境回來時，我無法回自治區西岸的家，因為路上都被重軍封鎖、宵禁，到處都有坦克與以色列士兵，情況緊張，我知道若不小心走錯路、撞見士兵，可能會被當場射殺，所以我就在樹林裡住了好多天。那時候，我根本不覺得這有什麼，每個巴勒斯坦人多少都和我有著差不多的經歷。」

伊雅德帶著妻子與兩個小孩在二〇一八年成功申請到工作簽證後，移民至加拿大，他告訴我想離開最大的原因是他的孩子們。

「我們住在西岸，但妻子的家人住在東耶路撒冷，我們想去看外公、外婆都必須經過檢查哨。我常在通過時被以色列士兵命令到一旁待命，我什麼都沒有做，就只是因為我是巴勒斯坦人。妳知道持槍時，槍口會有個亮亮的紅燈去對準目標物吧？我這一生不知道有多少次被這個紅燈指著眉心。我實在不想讓孩子一次次經歷自己可能在他們面前斃命的恐懼，所以才決定一起移民。」伊雅德談笑著說起這段聽起來令人心驚膽戰的過去，如此雲淡風輕的語氣，是乘載了多少傷痛。

睿理深思我的問題後，回答道：「生為巴勒斯坦人，我們大概從來不覺得自己活在危險當中吧！但那是因為我們生來就活在以色列的軍事殖民統治下，從出生那刻就被定義成以色列眼中的恐怖分子。每個在這種環境長大的人甚至不知道，也無法很深刻地想像生活在『自由獨立』的巴勒斯坦會是什麼感覺。巴勒斯坦人的人生，就是被殖民的人生，我生活在加薩，每天斷電缺水、半夜聽到無人機（drones）嗡嗡嗡的聲音，對我們來說變得稀鬆平常。你去問每個加薩人，都會回答不知道是不是明天就有另一場戰爭即將爆發。」

他頓了頓，接著說：「但這樣的想法其實根本不正常，沒有人真的不怕死，沒有人真的覺得活在隨時可能被逮捕、被槍殺的生活裡不危險。一直到離開加薩、生活在巴勒斯坦之外後，我才真正看清這個事實。過去流傳過這麼一句話：『巴勒斯坦人戰鬥起來，各個都像絕世英雄。』但現在人們說：『想當絕世英雄，就該有和巴勒斯坦人一樣的奮鬥精神。』很多人以為巴勒斯坦人很勇敢，但事實是，我們沒有軟弱的機會，也沒有這個資格，我們除了勇敢，別無選擇。」

美國知名的非裔政治活動家、社運領導者安吉拉．戴維斯（Angela Davis）曾在《自由是永恆的鬥爭》（*Freedom is a constant struggle: Ferguson, Palestine, and the foundations of a movement*）中記錄巴勒斯坦人所經歷的一切和南非抵抗種族隔離政策時有許多相似之處，最明顯的例子就是把巴勒斯坦人爭取自由的權力扣上恐怖主義行動的帽子。有許多證據指出，過去南非的種族隔離政府和美國的中央情報局（CIA）有多項合作關係，甚至在一九六二年，可能就是在中情局的祕密通報下，才使當時的反種族隔離政策領導者納爾遜．曼德拉遭南非當局逮捕監禁。除此之外，戴維斯在層層史料與數據證明下，將巴勒斯坦的現況與美國歷史上的種族歧視政策做緊密連結，例如二〇一四年，美國佛格森爆發警察槍殺黑人青少年麥克．布朗（Michael Brown）事件，後來引發連續多日的抗議行動，甚至出現暴動。當時的警察局長湯姆．傑克遜（Tom Jackson）便曾在以色列接受「反恐訓練」，根據電視新聞的影像，巴勒斯坦人發現，被用在鎮壓抗議活動的催淚瓦斯彈，和以色列軍隊鎮壓巴勒斯坦抵抗殖民運動的青年用的是同一個款式。

巴勒斯坦危險嗎？

對我來說，這個問題的答案再也不是純粹的是或否了。如今，依然有數百萬名自以色列建國後就流亡在外的巴勒斯坦難民，始終沒有權利踏上這片土地、造訪自己的家園。我們能夠自由出入境以色列旅遊的同時，生活在以色列境內、巴勒斯坦西岸自治區和加薩走廊的巴勒斯坦人的人身安全與人權仍日夜時刻受到嚴重威脅。

戴維斯在書中不斷提到，這個世界上的種族問題與權力鬥爭從來都不是獨立存在。但她保持樂觀態度，一如每位我遇到的巴勒斯坦人，歷史教會我們要打敗、瓦解

攝於二〇一六年拉馬拉市
的巴勒斯坦樂團 47Soul
演唱會上

傑寧難民營裡有許多
孩子，他們不經常能
夠遇見外國人，很親
切地向我和其他記者
朋友打招呼

二〇一七年一月十五日，
在瀑布前，睿理正式向我
求婚

身著巴勒斯坦傳統刺繡服飾，這套裝束是由朋友的媽媽親手為女兒出嫁時縫製，一針一線刺繡花了好幾個月才完成，乘載了媽媽對女兒的愛

攝於拉馬拉市巴勒斯坦的愛國詩人馬哈茂德．達爾維什（Mahmoud Darwish）紀念博物館內

種族隔離、歧視與問題最好的方式，向來都不是等待在位者突然清醒，賜予我們平等權力，自由與平等的未來需要每一個普通人民一同努力爭取、追尋。而過去這幾年的書寫與採訪經驗，讓我愈來愈理解這樣一句話：「每一個人都可以用自己的方式幫助巴勒斯坦，參與抵抗以色列殖民的方式有很多種。」

我會繼續不斷地說下去與寫下去，盡我所能地記錄每個關於巴勒斯坦人的聲音和屬於他們的故事。希望有一天不再有人聽到巴勒斯坦後問我：「巴勒斯坦危險嗎？」我希望它不再僅是出現在新聞上過於聳動的標題，也不再是我或其他非巴勒斯坦人的一個旅遊踩點目的地；我希望它是安全的，是每個巴勒斯坦人的家與避風港。

PART 2

歷史的鏡子

你的建國日，是我永遠的浩劫日

一九四八年五月十四日，以色列宣布建國，原居於現今以色列領土內的巴勒斯坦人，一夕之間全部成為難民，被迫出逃家園。五月十五日，自此成為巴勒斯坦人永遠的「災難日」（Nakbah，阿拉伯文意旨災難或浩劫日）。

這些難民占據巴勒斯坦原有總人口的四分之三，高達七十五萬人。一部分巴勒斯坦難民被驅逐出如今劃入以色列國土的領地，逃離、遷徙到鄰近的阿拉伯國家，另一部分則成為「永久境內難民」，被強制安置在巴勒斯坦西岸各地臨時搭建的難民營。

這些難民營，許多人一住就是一輩子，終其一生都沒有機會再踏入自己成長、出生的土地。更多人則是一出生就注定被貼上有家歸不得的難民標籤，例如，在總人口數一百八十萬人的加薩走廊內，就有一百二十萬人登記於聯合國統計的難民清單。

「我們每天醒來的第一個念頭就是：今天要回家了。」年逾八十歲的薩伊德・哈桑（Said Hassan），臉上的皺紋刻寫著關於巴勒斯坦的故事；他坐在加薩的家中，身邊圍繞著滿堂兒女和孫女，緩緩透過視訊，向我說起他九歲那年，這輩子都不會忘記的「災難日」故事。

羅馬不是一天建成，同樣的，造就以色列建國、巴勒斯坦滅國的災難日也不是一夜之間突然發生的意外。實際上，錫安主義者（Zionists，亦有人譯為猶太復國主義者，但因其理念無法代表現代全球所有的猶太人，為區分猶太人與錫安主義者的不同，此書將統一使用錫安主義者做為譯名）早在十九世紀時，就開始策劃要在巴勒斯坦打造一個唯一屬於「猶太人」的國家。一次與二次大戰期間，歷經反猶太主義（Anti-Semitism）高漲、在歐洲更慘遭納粹大屠殺悲劇的猶太人，心心念念要找一個安身之處。錫安主義者經過幾番會議與斡旋，拒絕曾考慮做為建國地選項的烏干達和阿根廷，因著耶路撒冷與巴勒斯坦在《舊約聖經》中的重要性而選擇了這塊土地。當錫安主義者揮舞起「應許之地」（Promised Land）的召喚旗幟時，四散全球的猶太人便興起數波「返鄉潮」。

一戰時，在美國與俄國猶太錫安團體政治、外交的影響與遊說下，一九一七年十一月二日，英國外相亞瑟．貝爾福（Arthur Balfour）代表英國政府，向在英國的錫安主義者發表一篇聲明——貝爾福宣言（The Balfour Declaration），表示英國政府將全力支持錫安主義者將在巴勒斯坦建立一個唯猶民族之家（National Home）的願景。即使宣言中提及錫安主義者不應以武力侵害其他非猶太宗教族裔、巴勒斯坦原住民的公民權力，這份來自英國的宣言成為今日以色列、巴勒斯坦問題的開端之一，除了其否定巴勒斯坦原住民民主自決的權利外，也為日後以色列合理化「種族清洗」（Ethnic cleansing）的罪行鋪路。

一戰後，受國際聯盟（League of Nations）委託，英國暫時管理巴勒斯坦，稱為巴勒斯坦託管地（Mandate Palestine）。在貝爾福宣言與英國政策鼓勵下，愈來愈多猶太人移居到巴勒斯坦，有計畫地大量購買巴勒斯坦土地，引起巴勒斯坦農民不滿。但英國託管統治下亦偏護移民回潮的猶太人，以武力鎮壓巴勒斯坦農民。記者大衛．克羅寧（David Cronin）在《貝爾福宣言的陰影》（*Balfour's Shadow: A century of British support for Zionism and Israel*）提及，英國託管時期曾協助訓練哈加拿（Haganah）。

這個組織起源於鄂圖曼帝國分裂時期，為猶太人軍事組織，在二十世紀初，大量猶太人移民回巴勒斯坦時逐漸發展壯大，成為以色列建國時屠殺、驅趕巴勒斯坦原住民的主力軍隊，也是今日以色列國防軍的核心。一九四八年五月十四日，託管期結束，英軍撤出巴勒斯坦時，更留予哈加拿組織大量軍事武器。除此之外，當時在北美的猶太錫安主義者也紛紛想盡辦法將各種軍武運輸到以色列做為支援。

「一九四八年一切真正發生前，我們就常被鄰近的新猶太屯墾居民攻擊，我們一直努力堅守家園，但最後，在沒有任何武器的情況下，我們不得不逃離。」薩伊德說。

薩伊德出生在巴勒斯坦中部的亞實突村落，地理位置良好，面海、土壤肥沃，是當時巴勒斯坦最大的產柑橘類水果之地，村民因為擁有製作特殊口味的沙拉配方而有沙拉之村的美名；在水果採收季節過後，村民總會載著大量橘子、檸檬等水果到海法（Haifa）銷售給中盤商，再外銷至歐洲等其他國家。薩伊德回憶，村裡約住著七千五百位村民，大家自給自足，農作、放牧、飼養雞鴨，幾乎鮮少有「購物」需求。唯有每個星期三是村裡的「交易市集日」，會有大量來自巴勒斯坦其他城鎮的攤販載著布料、香料等其他物品來此進行買賣交易。

薩伊德的父親在他出生前就過世了，由母親一手帶大，是家中最年幼的孩子。薩伊德的家境富裕，是當時亞實突村裡最有錢的家庭，擁有約一千二百公頃的農地，除了種植柑橘類水果樹外，也養雞、養牛、種橄欖樹。

一九四八年，阿拉伯聯軍節節敗退，埃及軍隊撤離，村民失去任何可以抵抗擁有大量軍武的以色列軍隊的機會，聽聞亞實突將是以色列軍隊的下一個攻擊目標後，紛紛開始逃離。

「媽媽帶著我和兩個哥哥與他們的妻子、孩子，以及四個姊姊一起逃亡，我們沒時間且無法收拾行李，只能隨身帶著貴重物品。」

僅九歲的薩伊德和家人一起帶著棉被、墊子、鍋爐和黃金，從亞實突開始徒步逃亡。步行了整整五天，途中經過朱拉（al-Jura）、瑪吉達（Al-Majdal）、迪參雅（Dayr Sunayd）、錫里比雅（Hiribya）村落，每晚天黑後，他們便就地打地鋪，睡在村落的某個農舍中。第五日，他們抵達加薩東北部的拜特哈農村落（Beit Hanoun），向當地人買了帳篷後，在里馬（Rimal）區一個靠近學校（The Palestine School）的地方紮營落腳。許多和薩伊德一樣從巴勒斯坦各地逃亡來的家庭，紛紛開始在這裡聚集起來。

曾是亞實突最富裕的家庭，成為逃亡至加薩的難民；從兩層樓的超大豪宅，變成難民營的克難帳篷。但薩伊德說，每個人都沒有放棄過要回家的希望，亞實突老家的鑰匙每天都不離身。這個希望隨著時間一年又一年過去，從來沒有消滅。直到一九五二年，聯合國近東巴勒斯坦難民救濟和工程處開始拆除難民營中的帳篷、搭建起房子。

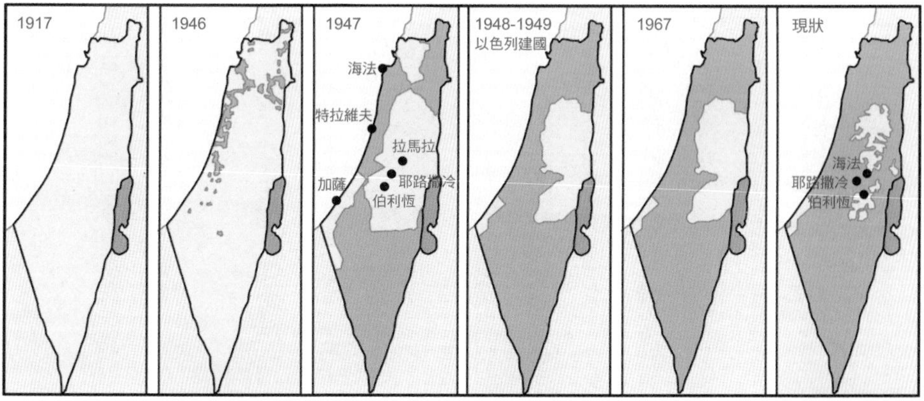
巴勒斯坦／阿拉伯人土地
以色列／猶太人土地
以色列建國以前
色列建國前就開始陸續有從世界各地移民來的猶太人，向巴勒斯坦人購買土地，但從圖中可看出九成的土地仍屬於巴勒斯坦
以阿戰爭後，以色列建國，取得約七七%的土地
六日戰爭後
猶太屯墾區違反國際法不斷擴建，實質屬於巴勒斯坦自治區的土地年年減少

巴勒斯坦國土變化

「我們在帳篷裡住了五年，每天都在期盼可以回家的那天，直到聯合國來蓋房子時，我們才漸漸明白，以色列不會讓我們有任何回家的機會了，國際社會也放棄了我們。」

戰爭平息、以色列殖民事實確認的數年後，薩伊德一家曾回到亞實突的舊址*。他們的房子已遭夷平、重建成新的以色列樓房。但他們的那畝農田仍原封不動地在那裡，或許是看到其所擁有的農業與經濟價值，被以色列殖民政府保存沿用下來，繼續耕植柑橘類水果以用來出口外銷與自給貿易。

薩伊德回憶著，「災難日發生前，我們的日子圍繞著農業果樹與大海，當時我總會和哥哥們一起旅行到海法、雅法、阿卡（Akka 或現以色列名 Acre），那些地方是鄉下小孩眼中所謂的『摩登城市』，我們總愛去那裡購物和吃喝玩樂。」

如今，海法、雅法、阿卡都成為以色列現代海口貿易、觀光的大城市。而加薩走廊則在二〇〇七年後成為全世界最大的露天監獄，陸、海、空皆受到以色列封鎖，人和物都沒有任何自由進出的機會，薩伊德再沒有看過家鄉的樣貌。

一九四八年的災難日，造成七十五萬名和薩伊德一樣離鄉逃亡，再也回不了家的巴勒斯坦難民。直到今日，災難日仍然沒有結束，根據統計，全球仍有約超過五百萬名巴勒斯坦難民沒有權利「回家」，包括當初逃至其他鄰近國家的永久境外難民，以及和薩伊德相同境遇的境內難民與其後代。以色列持續的軍事殖民占領，代表著無法返家的巴勒斯坦難民將繼續在外流浪的命運。

仍然保存著當初離開亞實突的家中鑰匙，薩伊德嘆息，似乎知道自己已沒有機會再見到家園一眼，但他看著身邊的兒女、孫兒與視訊中的我們，樂觀地說：「希望一直都在，年輕一代的你們，希望你們有天能夠『回家』，Inshallah。」

＊加薩遭受以色列邊境封鎖前，仍能夠透過檢查哨來到西岸的城市。二〇〇七年，以色列軍事邊境封鎖後，情況自此改變。

世界上最大的露天監獄——加薩走廊

一張空拍照，清晰地勾勒出漁港與海岸的輪廓，藍天碧海，一片寧靜的祥和美麗。攝影記者亞瑟·穆勒塔賈（Yaser Murtaja）用空拍機記錄他眼中最美麗這塊土地——巴勒斯坦，加薩走廊。發表照片時，他寫下：「希望有一天，我能夠不再藉由空拍機，而是親自飛上天空，用我手中的相機記錄這片土地的每一寸影像。」

出生在加薩走廊的穆勒塔賈，一生下來就面臨被以色列殖民的命運。和西岸巴勒斯坦人不同

位於加薩海的捕魚人
攝影記者阿赫瑪德·扎庫特（Ahmed Zakout）

的是，即使穆勒塔賈不會隨時「看見」街頭巷尾拿著長槍駐守的以色列士兵，也不用擔心夜晚突然遭到以軍「抄家逮捕」，但生活中的每一分、每一秒，他卻深刻感受著軍事殖民占領的各種壓迫。

加薩走廊狹長且窄小，地理位置特殊，左傍地中海，南比埃及的西奈半島，北邊與東邊則鄰著在一九四八年建國的以色列，與其餘巴勒斯坦自治政府管理的西岸地區硬生生劃開，兩邊人民自此難以聯繫。

占地僅三百六十五平方公里，由最北至最南的直線長度約是跑完一趟

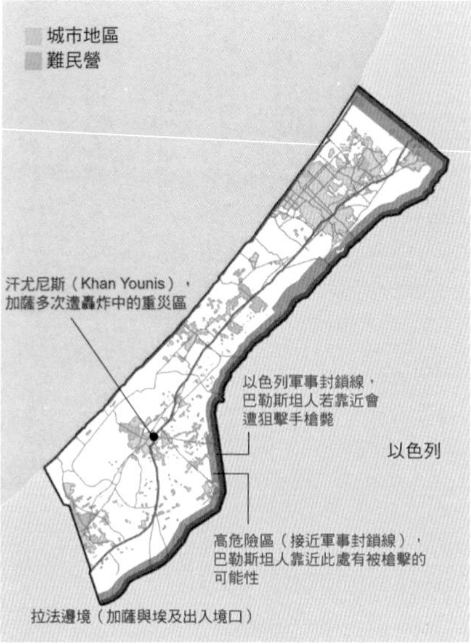

加薩走廊地圖

加薩人口密度分布圖

馬拉松的距離，但這裡卻居住著近一百八十萬人，是世界上人口密度最高的地區之一；其中領有聯合國難民證者就逾一百萬人，皆是在以色列建國時被武力強制驅逐家園，不得不搬遷至此的難民及其後代，至今仍無法返家。

加薩是巴勒斯坦唯一一個可以看見海的城市，許多居住在西岸城市的巴勒斯坦人，由於以色列的軍事占領，一生不曾有機會目睹海的模樣，竟不免偶爾會羨慕加薩人能夠擁有的這一片海。

然而，加薩的這一片海，像一座隱形的巨大鳥籠，牢牢地圈住裡頭的鳥兒，雖然看得見一望無際的天際線和無涯的海，卻沒有振翅高飛、自由翱翔的機會。

住在加薩的人們，行動自由自以色列建國以來便一直受限。然而，一切惡化的開端要從一九九三年的《奧斯陸協議》（Oslo Accord）與二〇〇六年的巴勒斯坦大選說起：

一九九三年八月，以色列和巴勒斯坦的首領以「非官方正式會晤」的身分出席由挪威協助斡旋的和平會談。九月，當時的以色列總理伊扎克．拉賓（Yitzhak Rabin）與巴勒斯坦解放組織（Palestine Liberation Organization，PLO）領袖亞西爾．阿拉法特（Yasser Arafat）在美國總統比爾．柯林頓（Bill Clinton）的見證下，簽訂了至今仍被許多西方國家視為以巴關係「和平進程里程碑」的《奧斯陸協議》，巴勒斯坦自治政府自此建立，美其名為「自治」，卻實實在在是個「傀儡」政權，形同一個各國強權與聯合國監視的空殼子。

《奧斯陸協議》在以巴問題的各項談判過程裡之所以具有不凡的意義，原因在於這是以巴雙方首次不僅和平會面、握手，且公開「承認」彼此政權的統治正當性與存在性，許多西方的專家將此譬為第一個能夠為中東此地區紛擾不斷的戰亂帶來和平的一線希望。一九九四年，參與此會談的其中三人——拉賓、阿拉法特和以色列外交部長希蒙・裴瑞斯（Shimon Peres），甚至因此榮獲諾貝爾和平獎的國際肯定。

《奧斯陸協議》共分為兩階段，第一階段使雙方能在五年內建立互信互助的基礎，再進入第二階段討論更具爭議性的幾個議題。而第一階段的主要目標是先能夠有共識地為以巴和平進程譜出藍圖，提出的要點包括：以色列軍隊撤出加薩與巴勒斯坦西岸，扶植成立由巴勒斯坦解放組織領導的自治政府，以巴雙方在能源、原料與貿易等方面互助合作。

一九九五年九月，雙方再次於開羅會面，視為協議的第二進程，主要希望能根據第一進程的基礎，推動更多和平目標。然而，這次會面對以巴現今的狀況具有關鍵性影響，更是造成巴勒斯坦建國路愈漸渺茫的主要原因之一。

二度協議中爭議極高的便是將巴勒斯坦自治政府管轄的西岸（West Bank）地區劃分為三級區域——A、B、C區。表面上，協議主張讓巴勒斯坦自治政府逐漸掌握所有自治區的政治、軍事主權。然而，一開始劃分地域上，政治、軍事主權由以色列政府直接與間接影響的B區與C區就已經占超過整個西岸自治區的八成，也就是說，真正屬於巴勒斯坦自治政府能夠自治、行使行政與軍事主權管轄的範圍不到整個土地面積的二〇%，以色列殖民統治巴勒斯坦的策略只是換湯不換藥地冠上一個新興而「合法」的名字。

兩次會談下，以巴雙方的反應皆譁然，許多巴勒斯坦的在野政壇（包括哈馬斯政黨），都對此協議抱持存疑與不贊成的態度。而以色列亦有許多右派人士完全不能接受總理願意會晤他們深信為「敵人」的巴勒斯坦解放組織，以方這一派的意見認為，以色列官方與巴勒斯坦的任何正向互動，都可能危及他們在這塊「應許之地」建國的穩定性。因此，第二次會談不到兩個月後，拉賓即遭到國內右翼人士暗殺身亡。緊急接任的裴瑞斯，卻在一九九六年大選中輸給較為保守激進的右派納坦雅胡政權，自此雙方對和平進程的共識便開始急遽走下坡。

實際上，簽訂協議後，各國的中東分析專家不斷回顧發生的所有事且紛紛下結論，當時這項所謂的「和平協議」，只是另類的拖延戰術，最終目標仍是讓以色列能夠獨斷統領整個以巴地區。主政巴勒斯坦自治政府的法塔赫政黨不但沒有為人民爭取更多自治主權，反而不斷向以色列殖民政府妥協與退讓，使得巴勒斯坦人民的生活條件每況愈下。人民對政府的不滿促使哈馬斯在二〇〇六年巴勒斯坦大選中獲勝，法塔赫不甘落選，二者發生政治內鬥，衍生爆發一連串衝突。直到二〇〇七年，經過多次談判與熄火協議破裂後，哈馬斯與法塔赫的領袖正式宣告關係破裂，哈馬斯統轄整個加薩地區，將法塔赫的人全部趕出政府公職，自此造成一邊一政黨的局面，而法塔赫則在西方國家與以色列的支持下繼續掌控自治政府，管理西岸地區。

哈馬斯政黨的興起歸咎於二〇〇〇年第二次巴勒斯坦大起義，因主張以武力抵抗以色列殖民，被以色列與許多西方國家貼上恐怖分子的標籤，列入恐怖組織的名單。

二〇〇七年，哈馬斯移駕加薩走廊後，以色列順勢宣布為抵制「恐怖組織」，將展開對加薩走廊的海、陸、空邊境封鎖，所有巴勒斯坦人員、商品的進出口，都會受到嚴格的軍事控管。而埃及也因擔心哈馬斯與境內穆斯林兄弟會的關係會影響國內不穩定的政情，與以色列達成協議，經常性關閉埃加邊境。

邊境封鎖至今，八成加薩人生活在貧窮線下，醫療、水電資源皆困乏的狀況使加薩走廊面臨的人道危機，已被聯合國宣判為生活水平「不適人居」。自封鎖以來，僅二〇〇八年到二〇二一年間，加薩便已經歷四次重大戰爭，平民死傷慘重，境內機場、發電廠、醫院、學校與無數建築物遭炸毀，再加上以軍駐守邊界，重建工作難上加難，有如一座絕望的大型「露天監獄」，裡面的加薩人沒有犯下任何罪行，沒有經過任何公平審判，但在以色列的殖民下，他們無法為自己發聲。

長年遭受以軍的軍事掌控、封鎖邊境的情況，沒有特殊身分或理由，能夠離開的機會微乎其微，加薩人行動與人身自由都受到以軍控管，更遑論談及「旅行」這種夢想。

就是在這樣的歷史脈絡下，使得許多加薩人一生從沒有踏出加薩走廊半步的機會，包含穆勒塔賈。

然而，在硝煙與戰火中，穆勒塔賈仍舊看見加薩的美與生命力，投身為攝影記者。每當以軍開始對加薩空襲，兩邊交火衝突時，他總不顧自身安全衝到戰火最前線，以影像記錄每一刻。沒有戰爭時，他也會拍下加薩的日常生活照片，上傳到自己的FB，希望能夠透過網路無遠弗屆的力量，以這些影像將加薩最真實的每一面呈現在全球觀眾的眼前。

那張空拍照發表的兩週後，穆勒塔賈「實踐」了願望，雖然身體已無法再移動，他的靈魂將不再受困於四四方方的露天監獄之內：

二〇一八年四月六日，在加薩邊境「爭取難民權利大遊行」（The Great March of Return，加薩邊境抗議事件）的第二週活動中，身著記者背心的穆勒塔賈一如既往在最前線記錄每一個事發瞬間，然而，那件寫著斗大「記者」字樣的防彈背心，仍無法保護他受到來自以色列狙擊手瞄準側腰間射穿的子彈，搶救一日後，他的靈魂離開被禁錮一生的軀體，飛向他嚮往的空中。

這場奪去穆勒塔賈生命的活動，是加薩走廊內的巴勒斯坦人從二〇一八年三月三十日開始至五月十五日的巴勒斯坦「浩劫日」為止，自發性號召、組織的連續六週遊行抗議，目的是向國際發聲，表達自己爭取「難民返鄉」的權力。每週五在晌午禮拜過後，加薩的巴勒斯坦人便會在以加邊境集會，高舉巴勒斯坦國旗，吶喊出想回家的心聲，而每一週的集會總會遭到以色列狙擊手的子彈還擊。

二〇一八年五月十五日對巴勒斯坦人更具代表性：這天不僅是巴勒斯坦伊斯蘭信仰者的穆斯林展開神聖齋戒月的起始之日，也正式劃下以色列宣布建國後、巴勒斯坦人被武裝驅逐出家園，展開漫漫以鮮血與性命抵抗殖民占領的「浩劫日」第七十個年載。

不幸的，在這一天，時任美國總統唐納．川普（Donald Trump）不但不尊重這一天對巴勒斯坦、穆斯林信徒的重要性，竟堅持要美國將其駐以大使館正式自政經中心特拉維夫，遷至爭議不斷的世界三大宗教聖地——耶路撒冷。

川普自二〇一六年當選後，在以巴關係的處理上一直抱持親以的態度。二〇一七年十二月六日，川普甚至不顧眾議宣布美國官方正式承認耶路撒冷為以色列首都，自此，在被以色列軍事占領的耶路撒冷東城、巴勒斯坦西岸與加薩走廊的大小衝突便屢傳不斷，巴勒斯坦人無一不憤怒地走上街頭抗議此舉，許多世界元首與阿拉伯國家領袖也紛紛表態譴責這項聲明不但會加劇以巴衝突，更讓多年來嘗試構建的和平協議無法有達到共識的一天。

美國承認耶路撒冷為以色列首都和將大使館遷移的這些舉動，為何影響這麼深？原因在於耶路撒冷的神聖與重要性，不只是宗教、歷史、文化，也是巴勒斯坦國家主權、民族團結象徵與情感的寄託所在。

於理，耶路撒冷的地位在國際法上始終充滿爭議，無論溯及二戰後提議以巴兩個臨時國的聯合國一八一號決議文、一九六七年後的二四二號決議文，以及在以色列占領巴勒斯坦七十年間各國嘗試領導兩方和談的各場會談與訂下的協議中，皆清楚指名，耶路撒冷的主權不歸屬任何一方，且以色列、巴勒斯坦一邊一國的「兩國方案」（Two-state solution）立論基礎之一，正是奠基於東耶路撒冷為巴勒斯坦建國之首都。

耶路撒冷岩石圓頂清真寺（Dome of the Rock）

然而，一九六七年六日戰爭後，以色列戰勝阿拉伯聯軍，入侵占領東耶路撒冷、西奈半島、戈蘭高地與巴勒斯坦西岸各地。戰後幾度周旋後，以色列同意撤軍西奈半島與西岸各地，拒絕退出戈蘭高地與東耶路撒冷，使兩地至今仍被非法武裝殖民占領。除此之外，以色列政府多次宣示耶路撒冷將永遠是以色列不可分割的首都，正式宣告不會給予巴勒斯坦獨立建國機會的決心。

於情，自一九四八年的浩劫日起，耶路撒冷對巴勒斯坦人而言不僅是宗教聖地，更代表著他們「建國」與「回家」的「希望」。一代接一代，他們遙望的回家之路，便是那條通往駐著聳立金色尖頂清真寺的耶路撒冷聖地。

穆勒塔賈的故事，並非他一人的故事，他的生與死都象徵著巴勒斯坦人對於生命與國家不願放棄的熱情。即使生活在最艱苦的環境，即使巴勒斯坦建國之路仍舊看似遙遙無期，他臉上總不乏最真誠的笑容。樂觀的他在生前最後一次受媒體採訪的談話紀錄中這麼說著：「**巴勒斯坦人得了一種無可救藥的病叫『相信希望』，我從來沒有放棄過，相信總有一天，我們能夠在巴勒斯坦這片土地上建立屬於自己的國家；也沒有放棄過相信總有那麼一天，我們都能『回家』。**」

一片土地，四種身分證——以色列殖民、種族隔離政策下的巴勒斯坦人

二〇二一年，國際著名非政府組織「人權觀察」（Human Rights Watch），以及以色列最大人權組織「卜采萊姆」（B'Tselem），根據多年的追蹤與調查，皆在最新的研究報告中將巴勒斯坦的境遇與過去的「南非種族隔離」（Apartheid）做比擬。

種族隔離政策的概念源自南非，如今已成為在國際法上普遍適用的法律名詞。根據一九七三年《禁止並懲治種族隔離罪行國際公約》和一九九八年《國際刑事法院羅馬規約》，一個國家若意圖行使讓一個種族團體優於另一個種族團體的政策、對特定種族團體實行有計畫的壓迫和不人道的武力攻擊，即符合違法國際法行使種族隔離的罪行。

以色列建國及六日戰爭後，此地上的巴勒斯坦人一分為四。在以色列政府直接與間接的統治下，分別住在西岸、東耶路撒冷、加薩走廊和以色列。雖然都是巴勒斯坦人，卻持有以色列或巴勒斯坦自治政府發給的四種不同身分證，受到不同程度與方式的種族歧視政策壓迫，擁有和住在以色列和非法屯墾區內的以色列猶太人截然不同的權力。

透過四位巴勒斯坦人的故事和四種身分證，將能夠解釋以色列在巴勒斯坦殖民統治的影響，以理解今日巴勒斯坦人民起義抗爭背後的歷史因素。

巴勒斯坦人四種身分證示意表格

	人口
約旦河西岸	二百七十萬巴勒斯坦人 四十萬以色列人 （屯墾區居民）
加薩	二百萬巴勒斯坦人
東耶路撒冷	三十萬巴勒斯坦人 二十萬以色列人
以色列各城（包含加利利）	一百九十三萬巴勒斯坦人 六百八十萬以色列人 四十五萬其他住民

管轄者	身分證
A區（二十%）：巴勒斯坦自治政府管轄，但以軍能隨時入侵逮捕巴勒斯坦人 B區（十七%）：民事由巴勒斯坦自治政府管理 C區（六十三%）：軍事由以色列政府管理民事、軍事皆受以色列政府掌控 *以色列政府每年持續在A、B、C區擴大、違法建造猶太屯墾區	巴勒斯坦政府發的綠色身分證
哈馬斯	綠色身分證加註加薩
以色列政府，但此管轄被聯合國視為違反國際法（注）	東耶路撒冷居住證
以色列政府	以色列公民身分證

注：聯合國四七八號決議文中指出，不容許以色列武力占領東耶路撒冷，以色列將耶路撒冷定為其不可分割的首都是違反國際法行為。

西岸自治區

巴勒斯坦自治政府管轄的土地除了被規劃為三塊，且其中過半數的實質管控權握在以色列軍隊手上以外，土地也因處處設有檢查哨、隔離牆和違反國際法的猶太屯墾區而愈發四分五裂。

巴勒斯坦人的人身自由受限，出入境都受到嚴格控制，也沒有權利使用以色列的本－古里安國際機場（Ben Gurion Airport）。自治區境內沒有機場，位於西岸與加薩走廊的四座機場，除了一座在二戰後廢棄，其他都在二〇〇〇年及二〇〇四年被禁用。

A區的管轄權歸巴勒斯坦自治政府控制，卻只占不到二〇％的西岸自治區土地面積，且位在A區城市的居民，依然時不時受到以色列軍隊突襲、逮捕；B區在軍事上受到以色列掌控，民事管轄權仍舊屬於巴勒斯坦自治政府；而C區占西岸土地面積高達六三％，軍事與民事管轄權卻均由以色列控管。數十年過去了，兩邊不但沒有任何和平進展，以色列在西岸違反國際法擴建的屯墾區反而加速擴張，蠶食鯨吞更多原來屬於巴勒斯坦自治區居民的土地。

住在西岸的居民都持有一張由巴勒斯坦自治政府發的綠色身分證，持有的巴勒斯坦人除非獲得以色列發的許可證，否則不能進入其他以色列城市，包括巴勒斯坦人居多的東耶路撒冷。而在西岸的各城市之間，以軍駐守的臨時檢查哨與路障每天都會無預警地出現在不同主要道路上，讓巴勒斯坦人即使在西岸城市中移動都處處受阻。

巴迪（Badee）是非政府組織「人權護衛者」（Human Rights Defender）的負責人，住在希伯崙（Hebron）市中心，近幾年來主要的義工任務之一，便是協同其他國際人權運動者護送希伯崙的巴勒斯坦兒童上學。

希伯崙是西岸第二大城市，過去數十年，以色列非法屯墾區在此擴建，將原本的舊城區從中砍半分為H1巴勒斯坦社區與H2屯墾居民專區。原本城區的主要道路上築起以色列士兵武裝駐守的眺望塔，城裡的大街小巷隨時可能架設檢查哨，讓住在希伯崙的巴勒斯坦人隨時有被屯墾居民攻擊的危險。

說起過去幾年的狀況，巴迪表示一切都在快速惡化中，「你一直覺得一切已經陷入最糟的狀況，但下一秒鐘，以色列又制定更多規矩來鎮壓巴勒斯坦人。現在這裡很不安全，我兒子前幾天只不過是去爺爺、奶奶家拜訪，路上經過抗議遭到以色列警方鎮壓的遊行群眾，就被士兵掃射的橡膠子彈打中並住院了。」

「暴力事件每天都在發生，我說的暴力不一定是子彈和坦克車的方式，例如，以色列士兵在清真寺門口和主要幹道設立檢查哨，讓男士兵貼身搜索巴勒斯坦女人，完全不尊重巴勒斯坦女人的身體自主權與我們的文化。」多年來，巴迪一直擔任希伯崙人群運動首領之一，他的手機與電腦存滿自己與其他義工拍下來的影片與資訊。自己和友人的家裡都曾遭到以色列軍隊入侵檢查、破壞，試圖將影像存檔沒收。

「警察來我家後，沒有找到任何可以羈押我的證據，但家具都被破壞了，我和律師試圖

希伯崙舊城，上方可清楚看見鐵網

希伯崙舊城的檢查哨

走法律途徑尋求賠償。但由於我長年進行人權運動，已經被列入黑名單，無法拿到去耶路撒冷的許可證。爭取了很久，直到去年，以色列法院終於給我一張七小時有效期限的許可證到耶路撒冷出庭。沒想到我沒有拿到賠償，反倒被判繳交五千新謝克爾*（約新臺幣四萬五千八百元）的罰款給軍隊。這讓我知道，以色列的法律不是為我設立，而巴勒斯坦自治政府也沒有能力保護我。」

巴迪表示，即使與家人常受到威脅，卻從未後悔執行人權運動，唯一的最大遺憾是無法再申請去耶路撒冷的許可證。

「這不是關於我一個人的故事，」巴迪最後強調，「所有在西岸的巴勒斯坦人，每天都面對可能在上學、上班路上被檢查哨攔下、攻擊的危險，我們的土地一點一滴被武力徵收成為更大的屯墾區，即使距離耶路撒冷僅三十公里，我們卻不能到自己的

---

* shekel，以色列與巴勒斯坦幣值，一謝克爾約新臺幣九．〇四元，巴勒斯坦人月均收入在二〇二二年約新臺幣五萬三千七百一十四元。月收入看似比臺灣高，但其實是因為以色列人的收入高，所以才拉高平均值，巴勒斯坦人的薪資很低。

宗教聖地朝聖。我們每天都在被監視、審訊和壓迫中找出路。」

加薩走廊

「採訪的三十分鐘前，妳可以傳個訊息給我確認嗎？我不知道我們等一下會在哪裡，也不知道會不會還活著。」住在加薩市中心的艾斯雅（Aasia）答應接受訪問後這麼說著。

採訪艾斯雅時，適逢二〇二一年加薩受到以色列無差別空襲最嚴重的那幾日。經過一整週日夜不停的空襲，艾斯雅早已打包幾件換洗衣物，並將重要文件放進數個小背包，做好隨時收到通知必須立刻離開家的準備。

這場空襲自二〇二一年五月十二日開始，當時國際媒體大幅報導以色列遭到駐點加薩走廊的哈馬斯組織攻擊，以色列展開對加薩的大規模「自衛還擊」的空襲轟炸。據數家國際媒體報導，以色列稱哈馬斯發射三千枚飛彈至境內各城市，但九成的飛彈被以色列的「鐵穹防禦系統」（Iron Dome）成功攔截，納坦雅胡更公開表示以色列的大型空襲短期內不會停止。以軍表示空襲加薩為「自衛」行動，僅針對哈馬斯出沒定點而非民宅，然而，加薩死傷名單中，有三成是兒童，遭摧毀的建築物包括美聯社和半島電視臺的辦公室所在處。同時，許多加薩民宅大廈在以軍空襲中被摧毀，聯合國統計，超過四百五十棟建築物遭夷平，至少近六萬名加薩人無家可歸。

最終，以色列與哈馬斯終於在五月二十一日達成停火協議。

「加薩就這麼大，你能逃去哪裡呢？這裡沒有任何一寸土地安全，我們沒有防空中心，每個地方都有炸彈落下。我曾經以為住在市中心會很安全，這是加薩人口最密集的地方。我經歷過二〇一四年的加薩戰爭，當時的市中心比起其他地方算安全許多。但這次不一樣，過去這週的空襲只有愈來愈嚴重、愈來愈密集，我不知道以色列政府是不是用了新炸彈科技，破壞程度和聲音都遠比二〇一四年更強大，房子每天都像遭遇地震一樣不停搖晃，我們根本無法睡覺，一天休息兩個小時就算多了。」艾斯雅嘆息道，向我描述戰爭的現況。時不時，我在地球這一端，透過手機的傳訊也聽見數次艾斯雅窗外傳來的爆炸聲。

採訪過程中，艾斯雅的三歲兒子薩朗（Salam）好幾次聽到爆炸聲後，跑過來緊緊抱住媽媽，艾斯雅輕輕摸他的頭，要他別害怕。艾斯雅懷著九個月身孕，她表示孕期末的身體不適和擔心沒有完整道路可以通到醫院，以及隨時待命在戰地裡接生寶寶的恐懼，都不及看見兒子眼裡的害怕。「薩朗每到晚上都不敢睡覺，要我們睡在他身旁，把燈打開才能勉強入睡幾小時，晚上的空襲都會加劇。」

「我的心理和身體都很累，但不能讓兒子看見我的恐懼和疲憊，必須為他而堅強，他昨天看見我掉眼淚，跑來問我怎麼了，安慰我不要難過，說之後會好好幫忙我照顧寶寶。」艾斯雅接著苦笑說，薩朗正在一個萬事為什麼的階段，她必須每天強顏歡笑地向他解釋為什麼自己、媽媽和外公、外婆要躲著不能出門，為什麼以色列要轟炸加薩，為什麼不能出去玩和去學校找朋友，以及為什麼爸爸都不回家。

「從五月十日開始到今天，我丈夫都沒有回家，他待在前線工作，在巴勒斯坦身為記者，沒有時間處理個人情緒。他每天目睹無數的死亡瞬間，看見無數人失去父母或孩子，即使他很擔心我們和未出世的孩子，但他不能回家，知道自己必須留下。」

艾斯雅其實有加拿大國籍，她表示自己是很幸運的那群人，曾經有機會離開加薩，也有在加拿大讀中學、大學的經驗。回憶起二〇一四年五月，她和家人回來加薩，原本抱著試試看的心情定居，沒想到戰爭爆發，邊境徹底封鎖，想離開都沒辦法。戰爭結束後，遇見了現在的丈夫，結婚、生子，定居下來。

「雖然我有加拿大國籍，但我的家人都仍是加薩人，在以色列的軍事封鎖下，我們沒有行動的自由與人權。很多人問我是否想離開加薩去更自由、安全的地方，或者回加拿大，我也自問好多次，但心中總是充滿矛盾。我想留在加薩，留在我的家，但我的孩子怎麼辦？難道他們這一生也必須困在加薩嗎？就算這次停火，過幾年世人就忘記我們，以色列還是會找新的理由來轟炸，我們的存在本身就是威脅。只要以色列的殖民統治不結束，我們就永遠不會有『和平安全』的一天。我們只是想有尊嚴、有人權，好好活下去而已！」

東耶路撒冷

「以色列不想要我們在耶路撒冷，也不想要任何巴勒斯坦人繼續留在這片土地。」

薩賓（Sabreen）誕生於東耶路撒冷舊城區，家族自以色列建國前就已定居在此。

在國際強權推崇的「兩國方案」下，東耶路撒冷本將成為巴勒斯坦建國後的首都，使其歸屬權一直是過去、現在、未來以巴關係發展中非常重要的一環。

一九四八年以色列建國後，與阿拉伯國家簽署停戰協議，耶路撒冷分為東、西區，西耶路撒冷由以色列政府控管，當時東耶路撒冷與西岸則委託約旦管轄。一九六七年，以色列在六日戰爭贏得勝利並入侵東耶路撒冷後，這裡便一直被以色列非法占領，即使巴勒斯坦自治政府在《奧斯

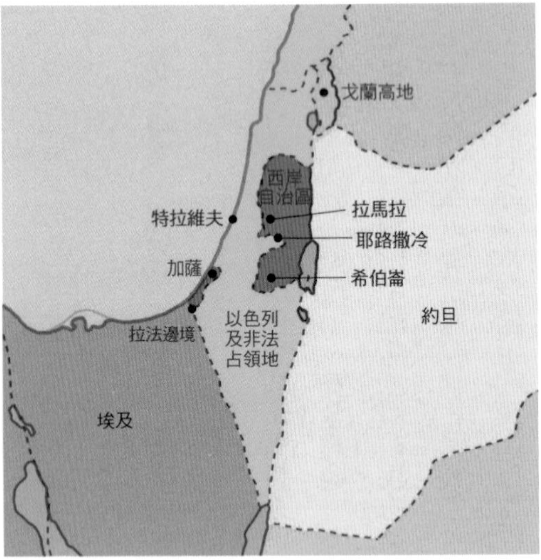

耶路撒冷位置示意圖

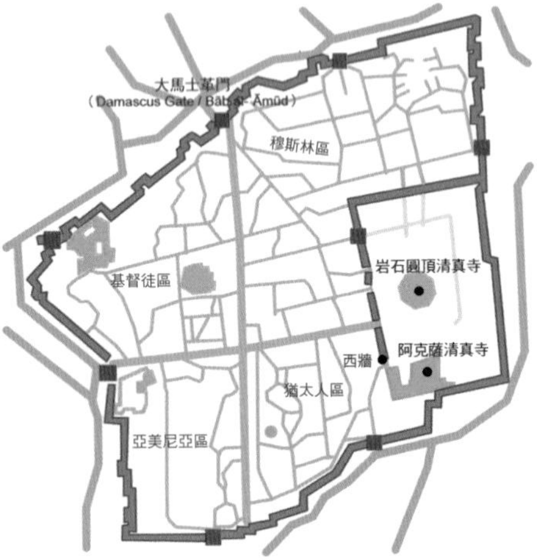

耶路撒冷舊城地圖

陸協議》後成立，對東耶路撒冷仍舊沒有實際掌控權。當地居民時不時會受到以軍威脅，以色列議會（Knesset）更在二〇一八年通過新法案，重申以色列是「猶太人的國家」，且此法案將保障耶路撒冷成為以色列「永不可分割的神聖首都」，令在場的巴勒斯坦裔以色列議員氣得當場撕掉法案文件。

這條法案的通過具有兩重意義：

首先，以色列將以「種族（宗教）」定義國民的優先條件；第二，實現東耶路撒冷成為未來巴勒斯坦首都的願景將更加艱難。

過去幾年來，已有其他許多位在東耶路撒冷的巴勒斯坦社區收到以軍驅離的傳票，巴勒斯坦人被迫離開，家園被改建為以色列屯墾區。這個不斷遷除巴勒斯坦人口的目的，表面上是以軍所說的拆遷非法建築物，實際上則是將巴勒斯坦人口漸漸推出耶路撒冷的版圖。

例如，二〇二〇年十月，以色列法庭決議將謝赫賈拉社區的土地權判給即將進駐的以色列屯墾居民，同樣是遵循這種規則。此後，謝赫賈拉的居民不斷抗爭上訴，希望能夠以合法途徑免於被逐出家園的地步。然而，二〇二一年四月，以色列警察協同屯墾居民強行進入謝赫賈拉社區，以武力驅逐在場聲援的人權運動人士與仍堅守在家的居民。

世世代代早已居住在耶路撒冷的巴勒斯坦人，有的在以色列建國後流離失所成為難民，遷徙到周邊的約旦、黎巴嫩、土耳其或更遠的歐美國家；其他留下來的巴勒斯坦人則和薩賓一樣，成為「東耶路撒冷居民」。

「我們是一群沒有身分和國籍的人，以色列政府透過各種政策要讓我們離開耶路撒冷，沒有任何政府會保護我們，我們也沒有權力參與任何以色列或巴勒斯坦的國會和總統選舉。」

薩賓表示，住在東耶路撒冷的巴勒斯坦人不是以色列國民，也不是巴勒斯坦國民，他們沒有國民身分證，僅有「東耶路撒冷居留證」（East Jerusalem Residency）。若任何東耶路撒冷的巴勒斯坦人想要到其他國家留學念書，在東耶路撒冷以外的地方工作，與其他城市、國家的人結婚，一旦離開這裡，居留證隨時可能被以色列「依法」取消，讓他們再也不能回家，也不能探訪仍在東耶路撒冷的家人。

除了沒有身分證外，東耶路撒冷的巴勒斯坦人也沒有護照，僅有兩張分別由約旦和以色列發的旅行證書。若想經約旦出入境旅行，只能向約旦政府申請旅行證件（Travel documents）；雖然東耶路撒冷是由約旦管轄，但巴勒斯坦人拿到的旅行證件沒有約旦人的國民身分證字號，因為約旦不承認東耶路撒冷巴勒斯坦人擁有約旦國籍。但諷刺的是，以色列發的旅行證件卻指稱他們皆是約旦人。

「這樣一來，以色列就可以說我們都是約旦人，不是難民也不是無國籍的人，可以統統搬去約旦。但很明顯的不只是國籍與身分證的問題，而是納坦雅胡好幾年前就開始宣稱，以色列是給猶太人的國家，從沒有想要與本來就住在這裡的巴勒斯坦人『和平共存』。」

薩賓解釋：「二〇二一年，由於謝赫賈拉事件、以軍攻擊清真寺和空襲加薩開始的抗議行動，從西岸到加薩，以及以色列的巴勒斯坦人民都投入其中，現在和妳說話的同時，我仍然聽見從舊城大馬士革門那裡傳來的槍聲與手榴彈爆炸聲。每天張開眼到闔上眼，想的都是今天會不會平安活著。全世界的人不斷問我們為什麼要抗議？為什麼不想要和平？但他們有沒有想過，我們的起義是以色列超過七十三年殖民『結果』，我們從來沒有『挑起戰爭』，這是對所有不公平的種族歧視政策的反應。」

「為什麼趕走一個謝赫賈拉社區的事件會引起全巴勒斯坦人的憤怒？因為我們能夠預見自己的未來就像他們一樣，有一天會被趕出家園。我相信世界上任何人，如果住在這樣不公平種族隔離政策的待遇中，都不可能繼續默默忍耐下去，『維持現狀』代表的是繼續活在殖民與軍事統治裡。」

以色列：拿以色列國籍的巴勒斯坦裔次等公民

「二〇二一年五月七日，自以色列攻入阿克薩清真寺以來，我完全不敢出門。我不知道會發生什麼意外，到處都有以色列右翼的激進分子在路上獵人頭。」

伊曼（Iman）住在卡法坎納（Kafr Kanna），位在以色列北部加利利地區的村落。在一九四七年聯合國一八一號決議文中，加利利區本應歸屬巴勒斯坦，但以色列宣布獨立後，境內七十多萬巴勒斯坦人被驅逐出家園，成為難民。加利利地區被以軍攻占，居民協調後選擇向以軍投降並留下，以免於和其他村莊一樣被屠殺或流離失所的下場，成為以色列日前境內最大的巴勒斯坦／阿拉伯人社區之一。

以色列建國前就住在這裡，且在以軍攻入時投降留下、沒有成為難民的巴勒斯坦人，被以色列稱為「以色列阿拉伯人」。這裡的居民在法律上說是以色列公民，擁有以色列人的身分證和護照。然而，他們受到的待遇卻和以色列猶太公民截然不同。許多人像伊曼一樣，不會介紹自己是以色列人，而是「（一九）四八年土地上的巴勒斯坦人」。

以色列連續數日對阿克薩清真寺發動武力攻擊，和加薩上演飛彈「交流」後，以色列各城市出現許多起以色列籍猶太人與以籍阿拉伯人間的衝突。伊曼在醫院的實驗室工作，「連公司要派計程車來接我上班，我還是不敢出門，我不相信不認識的人，有很多綁架巴勒斯坦人的案件就是這麼發生的。」伊曼表示，現在無論在以色列哪個城市，以籍阿拉伯人的處境都十分不利。她的姊姊曾在兩天前開車帶姪子和姪女來訪，卻在路上遭到以色列士兵攻擊而受傷。

但這次衝突升溫前，以籍阿拉伯人在以色列的生活早已因為他們的身分而困難重重。「大學有很多特定項目是巴勒斯坦人不能申請的，例如成為飛行員的課程；獎學金通常是為猶太人設置。而大學畢業後，找工作也很困難，不管學歷多高，永遠只能當受雇員，管理階層一律是猶太人，我們的薪水也比較低。」

二〇二〇年，艾德瓦中心（Adva Center）的研究報告指出，阿什肯納茲猶太人*（The Ashkenazi Jews）的平均月薪為一萬三千一百七十九～一萬八千七百七十二新謝克爾（約新臺幣十一萬九千七百七十六～十七萬六百零七元），而以籍阿拉伯男人平均月薪約為八千一百九十新謝克爾（約新臺幣七萬四千四百三十四元），若是以籍阿拉伯女人，月薪則僅平均五千七百七十二新謝克爾（約新臺幣五萬二千四百五十八元）。

除此之外，以色列實行全民徵兵制，以色列公民無論男女，均被要求在十八歲入伍服役。以色列軍隊中也有猶太人以外的以色列公民，例如以籍德魯茲人（Druze）。但以籍阿拉伯人皆被排除在兵役外，僅有極端少數的以色列阿拉伯人自願參軍。

退役後的以色列人都擁有「退伍軍人福利」，包括申請大學與找工作的優先權、購買土地或房屋的貸款優惠等。這些福利使許多以色列阿拉伯人在生活、求學、工作各方面都遭遇困難與歧視。

以色列被譽為「中東唯一民主國家」，身為以色列公民，伊曼雖然有權利參與以色列的議會與總理投票，但她表示，以色列阿拉伯人占總人口二〇％，他們之間有些人對政治、未來感到絕望而不願意投票；另一方面，人口弱勢使他們選出的阿拉伯議員往往只能擔任反對黨的角色，因此，每項對以色列阿拉伯人不利的種族歧視政策，始終無法透過法律程序改變。

對接下來以巴兩方的進程，伊曼沒有太多想法，她只知道自己在以色列的未來十分危險：「以色列的法律和警察都不會保護我們，我是以色列公民，但對他們來說，我仍舊是阿拉伯人、巴勒斯坦人，我們是敵人。」

巴勒斯坦人自一九四八年起就從未間斷起義革命、爭取自治獨立，然而，這一切仍然是趟未竟之旅。一片土地上，四種不同身分與處境的巴勒斯坦人遭遇流離與難以想像的隔離，宗教與種族的偏見仍在擴大與持續。

＊以色列歐洲裔猶太人，意指在一九四八年以色列建國時從歐美國家移民來的猶太人，多為白皮膚的猶太人。

PART 3

戰地裡的不朽之愛

被一道高牆阻礙的愛

「這是什麼？」我指著胡笙（Hussein）手臂上一幅斗大鮮明的刺青問。

「我的未婚妻，」他淡淡地回答道，「但我們沒有在一起了。」

「怎麼了？」我追問。

「我是巴勒斯坦人，她是以色列人，我們注定不能在一起。」

第一次遇見胡笙是在一次回到巴勒斯坦自治政府首都拉馬拉（Ramallah）的巴士上，他與同車的乘客談笑風生，互相分享彼此手機裡的照片和音樂。

車子到達市區後，停靠在一條我不甚熟悉的街上，手上握著即使打開 Google 地圖卻依然派不上用場的智慧型手機，有些困惑地在原地打轉，畢竟在巴勒斯坦，行動上網的功能現今仍受以色列政府嚴格控制與限制。

一九九〇年初期，全世界都歡慶擁抱3G行動網路時代的來臨，為了避免巴勒斯坦人利用網路互相聯絡和掀起另一波革命風潮，以色列以「安全考量」為由，限制巴勒斯坦行動網路的建立。一直到二〇二二年的今日，即使5G已漸漸普及於世界許多地區，巴勒斯坦仍名列全球行動網路最不發達的國家之一。西岸地區的行動上網功能通常需借用非法蓋建的屯墾區訊號，除了政經中心拉馬拉市內極少數限定地區有自治政府提供的市區行動上網，事先申請後可以在特定定點使用，市區內其他地方和全國各地巴勒斯坦的通訊公司都因為以色列的控管，無法提供行動上網。而在遭以軍邊境封鎖的加薩走廊，則是仍然僅有2G的通訊功能。

人民不僅生活不便，在意外或衝突發生時無法即時與外界聯繫，也使得許多商業活動受到限制，在經濟狀況已經不甚樂觀的巴勒斯坦更是雪上加霜。

我和胡笙與在車上沒有太多交集，下車後，他看見站在路口困惑的我，主動上前詢問是否需要幫忙。

巴勒斯坦人樂於與人交朋友，由於邊境控管的決定權在以色列監控下，觀光業可說是不存在，外國旅客在巴勒斯坦境內不是這麼常見，以至於每每見到外國人，巴勒斯坦人總是熱情無比，無論英文流利與否，都喜愛主動攀談和提供幫助。

我告訴他要前往拉馬拉市的地標——馬納拉（Manara）廣場，這不僅是貫穿通往市區主要幹道的匯集處，大概也是巴勒斯坦最為人熟知的指標地區了，每個造訪拉馬拉市的旅客，總不免俗地來此朝聖。

他引領我走向馬納拉廣場，順便問我此行的目的。他介紹自己目前任職英國廣播公司「媒體行動計畫」（BBC Media Action）駐巴勒斯坦的播音員。

走到馬納拉廣場後，他展開雙臂說：「歡迎來到巴勒斯坦。」

車水馬龍的街上，行人如梭，小販推

耶路撒冷與拉馬拉間的卡蘭蒂雅檢查哨，每日都擠滿成千上萬的巴勒斯坦人，其中有些是拜訪家人、有些是工作、有些是醫療需求、有些是為了上學，每個人都有不一樣的故事

攝影記者亞拉‧達拉格梅（Alaa Daraghme）

著車子隨處叫賣，各處響著不同的聲音，招引著我來他們的攤前看看。

就在這時，順著馬納拉廣場中心灑落的燈光，我才注意到他手臂上的那幅人像刺青，我指了指問他：「那是誰？」

他像是瞬間領悟了什麼，把袖子往下拉，撇開頭，拿出口袋的菸盒，卻不巧裡頭已經空了。

「要不我們去那邊的咖啡廳坐坐吧？」他突然向我提議。

走入那間咖啡廳，煙霧瀰漫在室內的微小空間，巴勒斯坦人總是菸不離身，但混雜著菸草味的是另一種香香甜甜的氣味，是著名的阿拉伯水煙，火紅的煤炭燒著，人們撚著長長的菸嘴口吞

馬納拉廣場

雲吐霧。

他拿出新買的菸盒，點起第一支菸，冉冉上升的煙迷濛了他的臉，纏繞著細數不盡的紛紛擾擾，他敲敲菸灰缸，恰似進行著一個打開回憶寶藏盒的儀式，慢慢敘述起發生在多年前的這段姻緣。

「我們在一個文化活動認識，朋友介紹這個巴勒斯坦女孩給我，那時只知道她住在耶路撒冷。」

「我們斷了聯繫一段時間，但她是我鄰居的朋友，有一次她來找我鄰居，碰巧鄰居不在家，我邀請她一起喝咖啡，從那次之後才開始常用電話和簡訊聯絡，然後我們彼此相愛，開始約會和見面。」

「但是，我們之間漸漸浮現許多問題，她住在耶路撒冷，我住在拉馬拉，雖然她是巴勒斯坦人，但她拿的是藍色身分證，我拿的是綠色，我無法去耶路撒冷找她，每次要見面，她總要特地從耶路撒冷來拉馬拉。」

相較之下，拉馬拉市身為巴勒斯坦自治區的首都雖然和平許多，也沒有直接受到以色列政府控管，但身處於此的巴勒斯坦人仍舊沒有權利任意入境屬於以色列的任何地區與城市，包括耶路撒冷。

被以色列猶太人稱為「以色列阿拉伯人」的巴勒斯坦人，手中拿的是以色列政府發的身分證，就是許多巴勒斯坦人口中所稱的「藍色身分證」。

理論上，拿藍色身分證的「以色列人」不應出入巴勒斯坦人的地區，更不該搬遷定居，各個檢查哨關口總可以見到一張告示牌，用希伯來文寫著危險警語；而握有綠色身分證的巴勒斯坦人，則不允許進入以色列。

但實際上，現今設於兩邊之間的檢查哨由以色列軍方控管，持著藍色身分證的以色列居民大多仍可以自由出入兩邊，唯有綠色身分證的巴勒斯坦人，除非向以色列政府申請許可證，否則都會在軍事檢查哨被攔阻，甚至有許多人因此命喪以色列士兵的槍口下。

高高的隔離牆圍繞著檢查哨綿延數里，硬生生切斷無數家庭與愛侶，胡笙就是其中之一。

「她必須工作，不能常來找我，我們幾乎等於是遠距離戀愛，漸漸開始產生不信任和猜疑，問題愈來愈大。有一次，她對我說無法繼續下去了。那時我們交往六年，已經訂婚，她是我的初戀，我深信她是真愛，所以我不想放棄。有一次，我獨自坐在電腦前，螢幕黑著，我只是這樣注視著那片黑幕好久好久。」

胡笙看著自己的面孔倒映在那片螢幕上，他的膚色不似大家對阿拉伯人印象中的黝黑，反倒更似高加索後裔的白皙，蓄著淺棕色鬍子，配上藍色眼珠。他笑說在他不說話時，乍看之下，總容易被誤會是俄羅斯或美國的旅客。

「我決定放手一搏，反正當時我認為如果無法和她在一起，自己一個人活著也沒什麼意思，所以我決定開始偷渡到耶路撒冷。」

胡笙第一次嘗式偷渡的那天，一大早就上市場買一瓶烈酒，把自己胡亂灌醉。

「如果我被以色列士兵抓到，一旦他們拷打或虐待我，讓自己醉點，或許痛的感覺就不會那麼強烈了。」

幸運的，胡笙在忙碌的檢查哨中假裝成忘記帶護照的美國遊客，憑著一口不帶阿拉伯口音的美國腔蒙混過去，偷渡到耶路撒冷，「那些士兵不過是孩子，才十七、十八歲，有時他們真的不知道自己在做什麼。」

但這樣偷渡不僅危機重重，也無法永久持續下去，無論胡笙再怎麼努力，再怎麼願意為她冒險，那道厚厚的隔離牆，那紙顏色不同的身分證，仍舊使得兩顆心不得不分別。

最後，胡笙的未婚妻提出了分手。

故事似乎接近尾聲，我問：「難道她不能搬來巴勒斯坦嗎？反正她有以色列身分證，出入總是很簡單啊！」

「她不能放棄家人啊！她的家人都在耶路撒冷，如果以色列發現她偷偷住在巴勒斯坦，或發現她與巴勒斯坦人交往，她有可能會被褫奪身分，再也不能回去與家人相見。」

我追問著：「你不能申請結婚證明，成為以色列公民，搬到耶路撒冷嗎？」一邊端視袖口邊露出的人像刺青，我心口一揪，想著這麼深刻的愛情，他連生命都願意賭上了，還有什麼能夠阻止他呢？

「我是巴勒斯坦人啊！我以國家為榮，我以身為巴勒斯坦人為榮，我不會接受為了能夠到耶路撒冷，就低頭成為以色列國民這種事。」他口氣篤定地回答，沒有半點遲疑。

他用空了咖啡杯充當新的菸灰缸——原本的菸灰缸已在長長的故事中積滿菸灰，再沒有多的空間讓它多容納下一支菸草所落下的灰燼，我們都沉默了一陣。

「我用了四年才真的走出來，現在我嘗試讓自己過得好，畢竟，我們都必須生活下去。」胡笙說著拿出口袋裡的手機，找出一首在清單中的曲子，按下播放鍵。

重節奏的音樂一浪一踏地傳出來，接著是清朗的一段英文饒舌樂，歌詞訴說著關於巴勒斯坦與以色列的紛擾，傳述著那些被壓迫但找不到出口的憤怒與哀傷，高唱出想做而做不到的夢想。

「現在唱饒舌是我的嗜好，我無法改變現狀，但可以唱給全世界聽。」胡笙笑著說。「別可憐我，我只不過是那幾萬人中的其中一個，如果妳有機會和其他人談談，妳會知道，每個巴勒斯坦人都有一個這樣的故事可以告訴妳。」

看著他此刻自信的臉龐和清爽的笑容，剛剛說過的那些痛苦與悲傷，好似都屬於另一個人，或者存放在另一個空間。

地底三萬呎——加薩埃及隧道裡的世紀婚禮

以麥得（Imad）和瑪娜（Manal）坐在禮車裡，握緊彼此的手，意味深長地對看一眼——若再晚個二十二分鐘，也許現在車子開往的便是醫院與喪禮會場，不是兩人的結婚派對了。

二十二分鐘前，以麥得牽起朝思暮想的新娘瑪娜的手，兩人在深不見五指、貫穿加薩走廊與埃及的地底隧道裡，攜手自埃及步入加薩。

「我們的婚禮是很『傳統』的，」瑪娜笑著回憶，「以麥得到隧道裡迎娶我——隧道代表著我的『家』，我們走過長長好幾里的地底隧道，我不知道隧道到底有多長，究竟要走多久，隧道很黑，但我心裡很踏實，只記得他牽著我，我什麼都不用害怕了。直到看見隧道另一頭的藍天與音樂，我知道新生命開始了。」

發生在春日的隧道婚禮中的每一分、每一秒，他們兩人永遠都不會忘記。在加薩的這一端，當地知名的樂團奏著震天價響的傳統樂曲，以麥得的家人與狂喜的加薩友人們迎接這對新人的到來，簇擁著他們坐上禮車前往位於加薩、埃及邊境拉法市的婚禮派對現場。

二十二分鐘後，在他們身後響起巨大的爆炸聲——來自以色列軍隊的空襲。那陣子早已有傳得沸沸揚揚的謠言，說這幾天，以色列將出動戰機轟炸所有加薩與埃及間的隧道，以麥得和瑪娜在婚禮前就知道婚禮可能成為葬禮的風險，但邊境的不確定性促使兩人毅然決然決定冒這場險，以性命賭上。

轉眼間，這場許多人見證、被媒體爭相搶著報導的世紀隧道婚禮，已經是數年前的事情了。數年間，兩人已在加薩走廊內組成幸福的小小家庭，育有三個孩子——兩個兒子穆罕默德（Mohammed）與阿赫瑪德（Ahmad），以及一個女兒哈蒂賈（Hadijah）。

加薩在二〇〇八年至二〇二一年間便經歷四次戰爭，其中以二〇一四年的戰爭死傷情況尤其慘重，加薩連續五十天遭以色列軍隊進行空襲與大規模轟炸，宣稱要摧毀激起兩邊衝突的哈馬斯領導組織。這場持續五十日的戰爭共有超過二千二百名巴勒斯坦人身亡，逾七千一百人受傷，其中兒童與婦女占了很高的比例；以色列方面則有六十七位士兵和四位平民身亡。

連年戰爭後的加薩有許多地區受到嚴重摧毀，戰後由於以軍和埃國的全境封鎖，以及嚴格控制出入境的原料和建材，使得重建工作至今仍舊難以進行。

「我常聽到住在巴勒斯坦自治政府西岸的朋友說，最大的心願就是能夠看到海，但加薩人天天看海，卻是最沒有自由的一群人。」

有一次，住在加薩的一名攝影記者透過網路與我聯繫，一面向我介紹加薩的日常，一面慨嘆：「戰爭來的時候，飛彈、炮彈不斷落下，每天都準備面對自己的死亡。」在他的鏡頭裡的加薩，讓人完全不會把這裡與「戰地」聯想起來。

「有些西方記者曾在報導裡說，來到加薩走廊，根本不是想像中的『廢墟』，說我們的市中心還是一樣繁華，人們住在裡面都很享受生活啊！我真的不知道該怎麼回答，我們的陸、空邊境被以色列和埃及封鎖了，左手邊是地中海，難道我們游泳出去嗎？你還沒有游超過三海哩，以色列的海軍立刻就把你槍殺了。簡單來說，我們看得見那片自由的天空，看得見那片廣闊的大海，但我們哪裡都去不了，人生還要過下去，你說我們享受人生嗎？我們的確享受，因為我們根本不知道明天還會不會活著。」

在腹背受夾、無路可逃，且連基本維生的水電與日常生活用品供給量都嚴重不足的狀況下，加薩人不得不另尋出路。因此，那座牽起以麥得與瑪娜的婚禮隧道，事實上不只一座，曾經有幾百座同時存在的盛況。當然，大多數隧道的用途都不是用在婚禮上「偷渡」新娘，而是「走私」各式各樣、一切可以想像得到和想像不到的東西。

小至日常生活必需品、醫療用品，歐美舶來品、奢侈品，例如香菸、香水、化妝品等，大至各種建築所需的原物料、水泥、鋼筋，甚至是新建的加薩動物園想引進的一頭獅子，都曾自隧道裡「進口」至加薩境內。許多無法由「正常管道」以護照與簽證出入加薩的居民，以及必須保外就醫卻遲遲拿不到以色列或埃及許可證的重症病患，都常常利用這些隧道進出。

然而，以色列軍隊指稱這上百條隧道並非用於民生用品走私，而是被哈馬斯利用於運送攻擊以色列的火箭炮與火藥，便三不五時向這裡空拍、出動空軍轟炸可能有隧道之處。

埃及在阿拉伯之春效應下發生革命政變，經歷胡斯尼·穆巴拉克（Hosni Mubarak）

總統下臺，代表穆斯林兄弟會的自由與正義黨獲選最大黨，且主席穆罕默德．穆希（Mohamed Morsi）短暫出任總統後，又在二〇一三年遭到國防部部長阿卜杜勒－法塔赫．塞西（Abdel Fattah el-Sisi）全面鎮壓，隔年參選奪回政權。新總統為了抵制穆斯林兄弟會再次掌控局勢，更加緊縮對於加薩的封鎖政策，原本還會定期「開關」放人的拉法邊境，演變成完全沒有時程表、久久才開啟大門放行有限名額出入的惡況。同時因擔心地道成為哈馬斯和穆斯林兄弟會互通有無的空間，便開始與以色列軍隊聯手，展開多次轟炸摧毀地道的行動。

瑪娜的婚禮當天，不過是數百次的以埃轟炸行動中的一次。然而，這一炸，永遠炸毀她與加薩外原生家庭的團聚夢。由於瑪娜並非經由「正常程序」通過埃及海關進入加薩境內，因此她不具有有效的簽證，且因為她的家庭身世特殊，無法被登記在加薩人口戶籍之下或領取哈馬斯政府核發的正式身分證。

「我們家是在一九四八年後流亡在海外的巴勒斯坦難民，以色列占領巴勒斯坦時，我的爸媽都在埃及，當時他們無法從和埃及接壤的加薩為我們登記身分，也無法及時回到巴勒斯坦西岸向自治政府和以色列政府登記、拿取身分證明，因此，我們失

加薩與埃及邊境的祕密地道，地點不詳。邊界上有數個大小不同的地道，有些適合運送各式民生商品，有些則可以讓人與動物通過，是加薩走廊在被以色列與埃及兩國封鎖十數年來，能夠最快將物資與人員走私送達的方式

攝影記者阿赫瑪德．扎庫特

去能夠登記領取巴勒斯坦身分證的機會，就像一群無國籍難民。我沒有合法的護照可以進出加薩或申請簽證，最後只能選擇讓以麥得從地道迎娶我到加薩來。」

以色列建國後，創造出數以萬計的巴勒斯坦難民，被迫流亡海外。六日戰爭後，以色列戰勝並占領了絕大多數原在聯合國協議下歸屬於巴勒斯坦的區域，而所有巴勒斯坦人被迫要「登錄」至以色列的人口普查系統，才會被「承認」是巴勒斯坦人。但當時許多來不及或無法即時回來的巴勒斯坦難民，便失去了被登錄的機會，變成沒有身分、國籍的窘境。

以麥得告訴我們，他沒有辦法為瑪娜登記身分和拿到護照，導致她只能領取哈馬斯政府發的臨時身分證，才得以使用公家機關的醫療資源，但她卻沒有資格使用任何來自聯合國的資金或救濟資源，這種情況在她還年輕健朗時尚無大礙，但以麥得仍舊對未來感到十分擔憂。

「妳永遠都不知道意外什麼時候會發生，尤其在這裡。我也希望能夠帶孩子們離開加薩，不希望他們和我們經歷一樣的戰爭和恐懼，可是瑪娜沒有護照，她無法離開，而我的生命也不能沒有她。」

以麥得和瑪娜在一起的過程經歷了重重困難，但憶起兩人的愛情故事，他們不禁笑得甜蜜，彷彿還是昨天才發生的事情。

「瑪娜是我的遠戚，我們透過ＦＢ聊天認識彼此，久了漸漸地產生感情。當時我心裡想，一定要把這個女人娶回家，所以我等著拉法邊界開啟後，就立刻出關去找瑪娜和她的父母。」

當時瑪娜與家人定居在利比亞，以麥得抵達利比亞後與瑪娜相認，兩人更加確定彼此的感情，以麥得便提出訂婚的請求。然而，瑪娜的家人一開始卻拒絕了他，認為將女兒嫁入加薩是條不歸路，尤其瑪娜的身分問題，每個人都心知肚明，這一去可能即是永遠。

以麥得不放棄，在利比亞待了一個月，真誠地向瑪娜的家人證明自己對她的心意，最後，瑪娜的家人總算在看見小倆口如此真心相愛，點頭同意這樁婚事。

「我很想念家人，這種想念一天又一天，永無止盡，好像每一次呼吸都在提醒著這個活生生的事實，我可能這輩子再也沒機會見到爸媽了。」瑪娜想起爸媽，總是不自主地哽咽。自她跨入隧道的那一天起，就再沒見過自己的家人，他們也從未有機會來拜訪，且對於未來能否還有機會見到一面，瑪娜已經不存什麼希望。

「我現在總告訴自己別想太多，專注於當下的幸福與快樂。很幸運的，我們當初的婚禮被許多鏡頭記錄下來，讓我有機會可以告訴孩子們關於以麥得和我的故事，訴說我們如何努力為他們打造這個幸福家庭。」

訪談的尾聲，瑪娜仍舊以樂觀的態度面對絕望的現況，現在，以麥得與三個孩子就是她的全世界。

「從那一天跨出隧道嫁入加薩起，我就一天天見證著一個事實：『加薩的人們對於生命的熱愛與渴望』，他們的生活多麼困苦，多麼艱難，短短幾年裡，就經歷好幾次戰爭，這種不知道明天是生是死的生活很令人絕望，但他們真的很努力地活著，用微笑迎接每一天。」

回家——你的自由是我的鄉愁

對很多人來說，「家」所代表的意義便是家人所在之處。每逢佳節，人總會特別想家，想著自己生長的那片土地，念著家鄉佳餚的味道。真正令人想念的往往不僅是食物本身，而是更深層、一口口在舌尖躍動的鄉愁。

二〇一六年，我在一次攝影工作時遇見葛媽媽，站在一群阿拉伯人中，她的亞洲面孔特別突出，吸引了我的注意力，和她簡短聊天後互相留下聯絡方式。第一次到住在拉馬拉的葛媽媽家作客時，她燒了好幾道菜招待我，我像個好奇寶寶，東問西問，指著一包葉綠蔬菜問：「這是什麼菜啊？」

「這是我在超市買的，我喜歡拿來煮湯，以前在中國也有。」

她一面顧著在火爐上燉的菜湯，一面將煮滾的水注入馬克杯，濃濃的普洱茶香溢出杯外，「這是從家鄉帶回來的。」她說。
好一會兒，滿桌的菜餚便準備好了，葛媽媽招呼著兩個在一旁玩耍的孩子——大的將滿六歲，小的則兩歲了。兩人聽到馬上放下手邊的樂高，衝到餐桌前。
葛媽媽依序為兩人添菜飯、盛湯，最後擺上幾塊燒雞肉，早已飢腸轆轆的小朋友立刻大啖起眼前的美食，葛媽媽笑著說：「還好兩個孩子和我一樣有中西合璧的胃，煮中國菜或巴勒斯坦菜，他們都樂得下肚。」
「妳也煮巴勒斯坦菜嗎？」我問。
「是啊！這幾年練習燒巴勒斯坦菜，煮得比我婆婆好呢！」她得意地說著，「下次我再做些別的菜讓妳品嘗。」
這個「下次」一隔便是一個多月，總歸是我在巴勒斯坦的媒體工作太忙了些，但期間我與葛媽媽倒是經常透過社群媒體聊天，愈來愈了解彼此。
數年前，葛媽媽在中國遇見當時造訪、受訓的葛先生，憑著一股勇氣和堅定不移的愛與信念，她隨著巴勒斯坦丈夫來到這裡，從「旅人」身分搖身一變成為巴勒斯坦媳婦。

「哥哥幾歲就表示我在這裡幾年了。」葛媽媽說著。

「妳有帶他們回家過嗎？」我問。這個家，我指的是她的家鄉中國。

「這裡就是家啊！」她笑著回答。這個家，她指的是這片土地，巴勒斯坦。

「妳想家嗎？」我在心裡暗暗想著，也把「妳打算什麼時候帶孩子們回家呢」的問句一併吞下肚。

「家」與「歸期」是多麼沉重的字眼，無論對她、對我、對任何一位離鄉背井的遊人，抑或對巴勒斯坦人來說，都承載著億萬的思念。我沒有追問下去，正是因為我理解在這片土地上生活，時時與未知和不安共處共生的那份無奈。

住在西岸的人若想離開巴勒斯坦，必須由約旦離境。離境過程需要經過三道邊境海關檢查，分別是巴勒斯坦自治政府、以色列政府與約旦政府。雖然西岸自治區與約旦交界處名義上沒有以色列合法控管的土地，但任何人要出入巴勒斯坦，仍必須通過以色列盤訊。繁冗的檢查過程少則半天，多則長達數日，且耗費更高額的旅費。巴勒斯坦出入境旅行的限制不只加諸在巴勒斯坦人，也在所有支持巴勒斯坦的外國人身上。

世界各國的法律裡，對國民與外國配偶結婚另有法條，照理來說，無論國籍，每個人都應擁有與深愛的伴侶生活在一起的權利。唯獨在巴勒斯坦，這種法律並不存在。並非巴勒斯坦自治政府忘記制定法條，而是由於巴勒斯坦政府除了沒有出入境正式管制權，也沒有管制人口普查與登記的自治權利。

以正常程序來說，巴勒斯坦外籍配偶必須向以色列政府申請配偶身分證，程序長達數年。在此數年間，幸運的配偶可以獲得比三個月旅人簽長的「暫時配偶簽」，沒有拿到配偶簽則必須不斷出入境以更新旅人簽證——定期離家，只為「回家」。

然而，情勢在二〇〇〇年九月的第二次巴勒斯坦大起義〔Second Intifada，又稱阿克薩群眾起義（The al-Aqsa Intifada）〕後緊張起來。國際特赦組織的研究報告指出，以色列政府在這次起義的幾年後漸漸縮緊外籍配偶的簽證政策，曾放話給所有當時尚未拿到身分證的外籍配偶們兩條出路：

第一個選擇是讓他們在現有的旅人或配偶簽證過期後，繼續非法居留在巴勒斯坦自治政府管轄區內，一直待到某天被警察或軍方逮捕，而這一天，沒有人知道什麼時候會到來；第二個選擇是自願離開巴勒斯坦，離開丈夫、妻子或孩子。那些因為不願離開家人而必須非法居留的外籍配偶們，也不得不因此與原生國家和家人斷了見面團聚的機會。

以色列此舉的立場十分明顯，只要不站在以色列這邊，無論是什麼身分，都是以色列的敵人。

二〇〇七年，以色列內政部曾公開發放一批身分證給所有進入巴勒斯坦後非法居留的巴勒斯坦人，以及申請巴勒斯坦身分證的外籍配偶。二〇一四年四月，以色列內政部通知巴勒斯坦內政部，要從仍申請在案的五千多名巴勒斯坦人中，挑選二千人上報到以色列內政部，做為下一批發放身分證的名單。其中所有申請過的外籍配偶們都在名單上，但通知發出超過兩年了，以色列仍未發出新身分證。

葛媽媽在二〇〇七年配偶簽證到期前就已送出申請，卻等了超過十年後才正式拿到身分。這十年間，葛媽媽就曾因為擔心跨越檢查哨時士兵的刁難，而不曾帶孩子離開過拉馬拉，更不曾離開巴勒斯坦西岸，她不願意賭上任何一絲可能讓她與家人分別的機會。

「孩子的外公、外婆有來看過他們嗎？」我問葛媽媽。

「還沒有啊！中國要申請來以色列的簽證很難通過，不過我們常常視訊。」
飯後，我們坐在餐桌上啜著阿拉伯咖啡。
哥哥拿著剛完成的一幅畫給我們看，他是個極具藝術天分的男孩，圖中畫的是耶路撒冷。耶路撒冷在每個巴勒斯坦人心中，都有著不可取代的神聖地位。
「你見過耶路撒冷嗎？」我問哥哥。
「見過。」他用中文回答我。在葛媽媽培養的多語教學環境下，當時六歲的哥哥同時熟稔中文、英文和阿拉伯文，還在學校學起了法文。
「配偶簽證到期前，我有帶哥哥去過耶路撒冷，不過妹妹還沒去過。」葛媽媽指了指兩歲的妹妹，一邊向我解釋。
「妹妹也還沒看過海吧！」我嘆息著，愧疚地回想起自己抵達特拉維夫的第二天，就能「自由自在」地穿越各地，在海邊觀望著那片海。
「有一天吧！」葛媽媽一貫的笑容中帶著寬容，語氣中沒有抱怨，只有一股溫暖而堅定的自信。常常，在我聽了巴勒斯坦人的悲劇，或者她不得與家人團聚的故事而難過時，她反而會鼓勵我，「我們都是幸運的，在這裡不都有能力為這片土地做些什麼嗎？」

我看著他們一家人的幸福笑容，梳理著她那些話語背後的力量，油然升起敬佩之情。此時，我再度想起她曾在文章中寫下的字句，「『歸期』一詞對於我的意義，就是他對所有流亡在外的巴勒斯坦人的意義，當我無法順利出入，也意味著他們無法自由回家……我深信，那因時光而擱淺的歸期之舟，自會在時光的潮起時，被順勢地推出去，揚帆啟航。而在此之前，願我不辜負的，是在這片土地上的時光。」

PART 4

高牆的這一邊
——以巴關係裡的巴勒斯坦人

以色列殖民下，巴勒斯坦女孩的夢

星期五對許多受西方文化影響或成長的人來說，是準備迎接週末的狂歡日；而對信奉伊斯蘭的穆斯林來說，則是神聖的禮拜日。穆斯林一天必須行五次禮拜，分別為晨禮、晌禮、晡禮、昏禮和宵禮。此外，將伊斯蘭定為國教的國家，通常會立星期五為假日，而虔誠的信徒們則會在晌禮的時間（約中午時分）前往清真寺參加「主麻禮拜」，也稱「聚禮」。

但對住在納畢薩利赫村（Nabi Saleh）的居民而言，星期五既不是玩樂的假日，也不只是上清真寺做禮拜的日子，而是準備帶著相機與布條，與家人、村民一起上街示威遊行，抗議以色列屯墾區與隔離牆拓張的抗爭日。自二〇〇九年起，每逢星期五，納畢薩利赫村村民總會自發性地在晌禮禮拜後聚集遊行，為的是抗議以色列政府在緊鄰村落不遠處奪取了巴勒斯坦人的土地，還蓋起猶太屯墾區，而這座「哈拉米猶太屯墾區」仍舊年年擴建，侵占更多屬於村民的土地。

不僅如此，為了保持屯墾區最優質的生活品質，供給納畢薩利赫村水源的一口水井也被強占，導致村民需要的水資源匱乏，必須花雙倍以上的錢向屯墾區「購買」用水。

納畢薩利赫村與有小巴黎之稱的拉馬拉市僅相距不到二十公里，卻有著天壤之別。少了奢華的咖啡廳、絢爛的霓虹燈與沿街叫嚷、朝氣蓬勃的市街小販，座落在西北方小山丘上的納畢薩利赫村顯得小巧而寧靜。順著小路走進村內，乍然映入眼簾的是一面用空的催淚瓦斯彈與手榴彈殼串起的裝置藝術牆，沿路上，各式各樣的空子彈殼與瓦斯彈桶展示懸掛在家門口或圍籬上。

納畢薩利赫村對許多關注巴勒斯坦新聞的人並不陌生，這裡住著兩位勇敢、面對槍炮毫不退縮、持續在前線為巴勒斯坦發聲的巴勒斯坦女孩——艾哈德・塔米米（Ahed Tamimi）和珍娜・吉哈德（Janna Jihad）。

艾哈德自九歲起總是與父親、村民一同站在第一線，站在荷槍實彈的以色列軍人

納畢薩利赫村

珍娜（左）、作者（中）與
艾哈德（右）的合照

艾哈德（左）、珍娜（中）與
表姊站在村裡高處眺望家園

面前，以阿拉伯文怒斥士兵不法占領巴勒斯坦人的土地，毫不畏懼的膽量被媒體譽為「巴勒斯坦兒童表率」，還因此在二〇一二年獲頒土耳其「漢達拉勇敢之獎」，受邀至安卡拉與總理雷傑普・塔伊普・艾爾多安（Recep Tayyip Erdogan）共進早餐。

二〇一七年十二月十八日凌晨，艾哈德被突襲納畢薩利赫村的以色列士兵逮捕，判刑八個月，而入獄的主因是「羞辱與攻擊以色列士兵」。這起「攻擊士兵」事件需要回溯到艾哈德被逮捕的前幾天，她的表弟穆罕默德・塔米米（Mohammed Tamimi）遭到以色列士兵槍擊，腦部中彈，在加護病房搶救很久，最後為了保住他的性命，醫生不得不切除頭部的部分顱骨。

表弟仍在加護病房面臨生死交加的關頭，艾哈德看著眼前毫無理由又再度來到村裡騷擾村民的以色列士兵，不顧槍口，一個箭步上前推擋，試圖制止他們再次靠近自己的家。這個舉動被其他村民的手機拍下並上傳到社群媒體，以色列政府因此將她逮捕起訴，巴勒斯坦人則為她的勇敢喝采。

艾哈德入獄的消息引起國際支持者的震怒，全球串連起「還給塔米米自由」（#FreeTamimi）的聲援運動。雖然艾哈德最後仍入獄服刑八個月，出獄後的她不但沒有害怕，反而堅定地表示，自己利用這次入獄的時間，研讀許多國際法律的書。這次的逮捕不會阻止她為巴勒斯坦奮鬥的心，只讓她更加確定自己必須比任何人努力，未來才能成為國際法人權律師，用非暴力的手段為巴勒斯坦爭取權利與自由。

「如果巴勒斯坦沒有被以色列入侵，我想我大概會想當足球員吧！」二〇一六年，我造訪塔米米一家人時，艾哈德這麼對我說。一頭蓬鬆捲曲的金髮和深邃的藍眼睛，讓她被媒體稱為「巴勒斯坦之獅」。

艾哈德帶我去她的房間，秀出牆上貼滿她的足球偶像萊納爾・梅西（Leo Messi）的照片。在房間裡的我忽然有種時空錯置感，忘記這裡是巴勒斯坦，忘記進村的路上經過的屯墾區和持槍待命的一個個以色列士兵。畢竟眼前的這一切是這麼簡單、熟悉的畫面。若軍事占領從不存在，眼前這名喜愛粉紅色、有著偶像崇拜少女心的女孩，大概不需要這麼「無畏無懼」吧！

每當我看著那段艾哈德在二〇一七年對峙以色列士兵而遭逮捕入獄的影片時，便想起她那天對我說的話：「很多人以為我很勇敢，在槍口下也不害怕，但我想，沒有人面對死亡是不害怕的，只是對我來說，失去家園和家人，遠比失去自己的性命更令我害怕。我所做的一切，都只是為了我愛的家。」

在艾哈德身邊的是僅小她幾歲的珍娜，她有著一頭長長的金棕髮，清秀的臉龐帶著稚嫩的笑容，親切得無法不引人注意到那兩個淺淺的酒窩上，是一對如翡翠綠，又好似孔雀藍的清澈大眼。

珍娜的父母離異後，爸爸移居美國，她和媽媽留在村裡，三歲起便一同加入納畢薩利赫村例行遊行的行列。七歲那年，她開始用手機相機記錄與報導抗爭遊行的內容，在家人的協助與教導下，九歲的她創立個人新聞臉書專頁，如今是擁有超過四十二萬粉絲追蹤、當時全世界年紀最小的公民記者。

二〇一六年造訪時，珍娜流利的英文對答與自信的態度令我印象深刻。過去這幾年，她仍然繼續記錄著，用各種社群媒體平臺讓更多人透過影像看見發生在巴勒斯坦的一切。時間快轉到二〇二一年，已經上高中的珍娜，有了更多獨樹一幟的想法，對自己未來的願景也更明確和堅定。

「妳為什麼想當記者呢？」我問她。

「我想成為記者是因為看見我們這些出生、生長在巴勒斯坦的兒童、青少年，活在以色列殖民下的痛苦，我親眼目睹許多巴勒斯坦人在眼前遭受以色列軍隊的攻擊而受傷、入獄、死亡。以色列士兵殺死我的表哥和舅舅，這給我很大的打擊。即使在家中，我也沒有任何一刻感到安全。我總是無時無刻擔心會不會接到一通電話，通知我愛的朋友、家人喪生、受傷或被捕。後來我學到一件事，原來文字和影像很有力量，所以我決定要成為記者，記錄下一切，把巴勒斯坦人的聲音傳達出去。我想讓世界聽見我們、看見我們。」

珍娜的表哥穆斯塔法（Mustafa）和舅舅魯迅迪（Rushdi）都在遊行起義裡，遭以色列士兵槍擊而不幸罹難。雖然珍娜家中沒有人是記者，但舅舅比勒·塔米米（Bilal Tamimi）是一名公民記者，在他的教導與協助下，珍娜七歲開始就練習用簡單的相機記錄村中的故事，足跡漸漸遍布巴勒斯坦西岸的其他城市。

「我從九歲開始擔任公民記者的角色，因為手上這臺相機遇到了無數阻撓，每當我出現在遊行行列，以色列士兵會故意擋住我的路或相機，我也多次被打、被奪走相機或被威脅，要我停止攝影，不想讓我們拍下他們的暴力行為，巴勒斯坦的記者總是成為以色列士兵的攻擊目標，儘管我只是個小女孩也不例外。」

即便納畢薩利赫村的遊行是和平無暴力的示威方式，但過程中總會遭到以色列軍隊以槍炮與武力攻擊，超過二百名村民曾遭到羈押或逮捕。依據以色列在西岸制定的軍事法律，任何超過十人以上的集會遊行，不管是否以和平訴求為主，只要可能牽涉政治議題，都必須事先向以色列當局「申請」集會遊行許可證，即使遊行的地點在自家門前。另者，發表任何與以巴衝突有關的政治言論都不被允許，納畢薩利赫村就有許多人曾因為在社群媒體上，發表和以色列占領殖民相關的貼文而被逮捕入獄。

珍娜手中的相機為她帶來名聲與無數支持，但同樣遭遇各種心理與生理上的阻撓與困境。珍娜的紀錄影片有著強大力量，不斷引起世界各地人權組織的注目，以色列的戰略事務中心甚至在二〇一八年針對她發表一篇祕密報告，指稱珍娜對以色列國家安全造成嚴重威脅。以色列的電視頻道一播出祕密報告的內容後，珍娜就開始收到許多以色列人寄來的恐嚇信和訊息：「有些以色列人警告我小心點，聲稱會埋伏在我放學回家的路上，還寄給我我家和學校的照片，說他們要來抓我、殺死我。我當時才十一歲，心裡真的很害怕。」

報告發表後的幾個月，珍娜與叔叔一起到約旦參與人權運動的會議，回程時，在約旦入境的邊境受到以色列士兵刁難，將她抓起來審訊好幾個小時。

「那時我剛滿十二歲，根據以色列的軍事法，只要滿十二歲的巴勒斯坦兒童，以色列士兵可以任意逮捕、審訊。我被關在小房間裡，獨自一人被審訊好幾個小時，叔叔則被禁止陪同，身邊沒有任何大人、律師在場，只有我一個人，獨自面對滿屋子的武裝士兵。我才十二歲，當時真的很害怕。」

珍娜表示，回到巴勒斯坦後，還是繼續在遊行裡記錄、攝影，但許多以色列士兵都因為那份報告和電視報導認出她，針對她進行攻擊的頻率就更高了。

談及恐懼，珍娜淡然地說：「當你看到家人、村民站在一起和士兵對抗時，就不這麼怕了。我常想，如果我們這些孩子都能生活在沒有殖民、沒有軍隊的自由裡——上學時不需要擔心檢查哨，可以恣意地到想去的地方旅行，不用提心吊膽著會撞見以色列士兵。想著這些自由的可能，都是激勵我繼續做下去（記者與報導）的動力，我想自由地活著，而不是在睡覺時被催淚瓦斯彈的味道嗆醒，或是在半夜聽見槍擊與慘叫聲。」

但她也坦言，自己仍然只是個很平凡的小孩子，內心當然有很多恐懼：「我最害怕的一件事莫過於聽見我愛的家人或朋友被殺死或受傷的消息，我也很害怕是不是一輩子都必須活在這種恐懼裡，沒有任何法律保障和人身自由，這些恐懼每日每夜不間斷，讓我身心俱疲。活在以色列的殖民下，我們生活的每一刻、每一件事情都深深被影響、控制著，即使我心裡有這麼多恐懼，我還是必須把它們藏好，因為我不能讓恐懼打敗，如果不小心崩潰、秀出一點軟弱的姿態，我就無法繼續做這份工作，但我必須繼續，必須讓這個世界聽見我們的聲音，必須持續抗爭殖民，我每天都很努力、很努力，不要讓恐懼控制我的理智。」

珍娜堅強微笑的背後，是無數個受到夢魘驚醒的夜晚。

珍娜緩緩憶起一個讓她至今仍無法釋懷且還沒走出陰影的事件：「二〇一八年六月六日，那是個非常炎熱的夏日，爸媽都去上班了，剛放暑假沒多久，幾個朋友和堂兄弟姊妹們到我家過夜。早上八點多時，我們被屋外一陣聲響吵醒，透過窗戶往外看，想了解發生什麼事。我看見艾武（Aooz）的身影，他也看見窗戶裡的我們，向我們揮揮手。我家是進村後的第一間房子，隔一條街則正對著加油站，我的房間正好位於角落，加油站裡一群以色列士兵所站的角度剛好不會看見我們。看著艾武走向加油站，我們都不知道到底發生什麼事情，但在他走過我們家時，對面的以色列士兵突然開始朝他開槍，他的身軀在我們眼前倒了下來。接著，那群士兵跑過來，團團圍住艾武的身體，阻擋任何嘗試過來幫助他的巴勒斯坦人，以槍要脅他們遠離，也不許救護車的醫護人員靠近。過了三十分鐘，艾武就這樣流血過多而當場死亡。即使艾武死了，以色列士兵還是『逮捕』了他的屍體。這是很常用來『懲罰』巴勒斯坦人的伎倆，他們知道穆斯林需要全屍下葬，所以會刻意扣留屍體，有時扣留好幾年，不讓巴勒斯坦人能夠好好安葬已故的家人。」

那不是珍娜第一次目睹巴勒斯坦人在眼前被以色列士兵殺死，實際上，她的童年就是在這樣一次次的暴力對待中成長，但這沒有讓目睹死亡變得簡單。每一次發生這種事情，她都必須花很長一段時間療傷。然而，每天依舊活在殖民威脅下的她，和千千萬萬的巴勒斯坦兒童一樣，都沒有機會和時間好好復原心理創傷。

當時快要面對大學入學規劃的珍娜，心裡需要擔心的卻不僅是能夠進入什麼校系：「我有很多很多夢想，但最大的夢想當然是能夠活在一片自由的土地，有一個很平凡、很正常的生活，不用天天提心吊膽。要達成這個夢想，我必須繼續努力堅持走在這條起義抗爭的路。對抗以色列殖民其實有很多種方式，很多人都以為只有一種形式，其實是種誤解，每個人都可以依據自己的專長與能力參與起義，有的人可以唱歌、有的人透過繪畫、有的人參與遊行、有的人在不同平臺管道進行演說或寫作，不管透過哪種形式，我們都必須堅持下去，直到巴勒斯坦真正獲得平等與自由的那一天。」

珍娜自信地表示，她和Z世代的年輕人都有責任為世界每一個角落爭取比現在更好的未來。不只是在巴勒斯坦的年輕人，實際上，每個人都可以用很多不同方式幫助巴勒斯坦和世界上其他正

納畢薩利赫村的珍娜

受到壓迫占領的國家。根據她這些年在前線以影像傳遞資訊的經驗，她建議世界各地的年輕人，能夠透過社群媒體的分享、傳遞正確的訊息來幫助巴勒斯坦，她也很希望大家能親自到巴勒斯坦旅行，親眼看看、親耳聽聽他們的故事。

隨著訪談結尾，我看著珍娜，記憶陷入五年前第一次見面的場景：珍娜和艾哈德帶我參觀完整個納畢薩利赫村後，在一起走向村外、準備搭車回拉馬拉市中心的路上，太陽西斜，落日餘暉灑落大地，我們經過一大片橄欖樹園，珍娜順手摘了幾顆橄欖塞到我手中，巴勒斯坦以種植橄欖聞名，十月正好是準備收成的時機，熟成可食的橄欖偏深黑色，吃起來像在咀嚼新鮮的橄欖油一般，是種不膩而溫潤的滋味。

「妳最希望這個世界長什麼樣子？」我趁機問她。

當年十歲的小珍娜歪著頭想了想，頑皮地一笑：「如果可以的話，我希望把世界變成粉紅色的！」

聽著，我不禁跟著笑了。

《奈拉與巴勒斯坦人民起義》——反殖民運動中巴勒斯坦女人的光輝與掙扎

白煙自指尖冉冉上升，奈拉・艾希（Naila Ayesh）的手指夾著香菸，坐在拉馬拉市中心的咖啡館，背後傳來吵雜而熟悉的叫賣聲、車子喇叭聲。奈拉先是啜了一口阿拉伯咖啡，嘴角露出一抹苦笑，向我緩緩道：「自第一次人民起義以來，三十多年過去了，巴勒斯坦的狀況愈來愈差，巴勒斯坦人的處境也愈來愈困難。」

奈拉是紀錄片《奈拉與巴勒斯坦人民起義》（*Naila and the uprising*）的女主角，電影刻劃出奈拉在巴勒斯坦人民起義時期，領導巴勒斯坦女人參與抵抗以色列殖民的故事，以奈拉的角度，觀透與呈現當時巴勒斯坦人民，尤其是女人，在軍事占領下經歷的掙扎苦痛與她們不屈不撓的奮鬥過程。

「這不是我一個人的故事，不是關於奈拉一個人的電影，這是所有巴勒斯坦人的故事，我們共同經歷過的那段歷史。妳看了我在電影裡的故事，覺得我很堅強、很勇敢，但實際上，有更多巴勒斯坦人在起義歷史中，經歷比我更痛苦的事情。」奈拉眼神堅定地說。

一九八七年十二月，奈拉當時居住的加薩爆發第一次巴勒斯坦大起義（First Intifada）。這是自一九四八年以色列建國以來，在沒有實質領袖的領導下，最大規模的巴勒斯坦人民自主興起的反抗暴、反殖民抵抗運動。

這次起義歷經數年，直到簽下《奧斯陸協議》後才宣告中止。根據人權組織卜采萊姆的統計，第一次人民起義中，約超過一千五百名巴勒斯坦平民喪生，以色列方則是約四百二十名以色列居民與士兵喪生。

奈拉的長子馬吉德（Majd）受訪時說：「我常常很好奇媽媽在第一次起義時扮演的角色，但那是難以啟口的問題，我知道這麼多年後，她依然因為這些回憶而痛苦掙扎，當你問一個人經歷過什麼事情時，便是間接讓這個人重新活過那些記憶。」

一九六七年的「六日戰爭」後，以色列贏得勝利，違反國際法，入侵占領許多屬於巴勒斯坦人的土地。戰爭後，隨處可見以色列殖民軍隊的痕跡，坦克車、裝甲車上載著武裝的以色列士兵，每一分、每一秒都不停歇地在巴勒斯坦的街道上巡邏、監視。

一九六九年，八歲的奈拉，正是念小學的年紀。她回憶起那一天，一個永遠令她無法忘懷的一天：十月天，天氣仍然炎熱，她和其他同學正在學校的空地玩耍，突然，他們聽到一陣巨響，爆炸聲自不遠處傳來。校長接到消息，易卜拉欣・艾希（Ibrahim Ayesh）的家剛被以色列軍隊夷平，而奈拉正是易卜拉欣的女兒。奈拉和其他四個姊妹回到家，看見家園被硬生生推倒、裂成兩半。「我永遠不會忘記父親眼中的哀傷，這次的經驗讓我深深體悟到以色列殖民的暴力，也在我心中種下反抗的種子。」

以色列在巴勒斯坦土地上以軍事法統治、殖民，巴勒斯坦人沒有權力在巴勒斯坦的城市間移動；沒有以色列許可證則無法進入以色列，也無法出境到國外。巴勒斯坦人不像以色列公民能自由地持槍擁武，甚至在巴勒斯坦的街上買賣水果，都要先經過以色列同意。每一天都能見到以色列軍隊逮捕、毆打試圖起義抗爭的巴勒斯坦人。

奈拉上高中時有了這種體悟：如果巴勒斯坦人都待在家裡，乖乖臣服於不公平待遇，一切都不會停止，若要結束這種生活，就必須終止以色列殖民，唯一一條路就是反抗。

高中畢業後，奈拉申請獲得一筆前往保加利亞讀書的獎學金，開啟她對巴勒斯坦以外世界的理解。回到巴勒斯坦後，她便與志同道合、以解放巴勒斯坦為目標的丈夫阿赫瑪德．扎庫特，一同開始投身於「解放巴勒斯坦民主陣線」（Democratic Front for the Liberation of Palestine，DFLP），奈拉當時尤其專注於鼓勵身邊的巴勒斯坦婦女一併參與政治活動。

以色列殖民下，組織或參與任何政治活動都被禁止，就連參加學生會都可能「違法」。一九八七年二月，奈拉因參與政治活動，首次遭到以色列軍隊逮捕。

「半夜時，以色列軍隊來逮捕我，把我帶走後，將我綁在椅子上進行好幾天審問。當時以色列對待參與抗爭的巴勒斯坦人的處置非常嚴厲，希望藉此殺雞儆猴。我在審訊時告訴他們自己剛懷孕不久，身體還在早期不穩定階段，但他們根本不理會，男人、女人、懷孕與否，對他們來說就只是威脅。」奈拉被訊問、拷打了兩週，期間，以色列士兵會在晚上把她捆綁於庭院，任憑大雨和夜晚的刺骨寒風攻擊她因孕期而更脆弱的身體，以色列士兵拒絕讓她有任何接受諮詢醫治的機會——除非奈拉能夠

「認罪」，奈拉的身體經不住日夜的拷打、審問，最終流產了。

在以色列左翼媒體的報導與輿論的壓力下，以色列軍隊不得不釋放奈拉。即使這次入獄的經驗讓她的身心受到嚴重創傷，但她和丈夫參與起義抗爭、終結以色列殖民的決心毫不動搖。

同年十二月，人民起義運動首先在加薩燃燒，蔓延至整個西岸與被以色列占領的地區。過程中，以色列軍方曾嘗試使用各種方式鎮壓，其中包括將幾位具關鍵地位、協助組織活動的巴勒斯坦平民領袖強制「驅逐出境」，試圖讓這場運動成為僅是群龍無首的亂象。奈拉的丈夫便是被迫驅逐出巴勒斯坦、與家人分離的平民起義領袖之一。一九八八年，當時懷有九個月身孕的奈拉，過幾天就是待產日，即將臨盆，沒想到等著她的不是與丈夫一起迎接新生命的喜悅，而是再次被迫分離兩地的苦痛。

「當時，許多巴勒斯坦男人不是被抓捕入獄，就是犧牲成為烈士。」奈拉與其他幾位志同道合的巴勒斯坦女權運動者，開始在耶路撒冷召集更多巴勒斯坦女人參加集會，這些女人有的失去丈夫，有的失去孩子，不僅要堅強地繼續扮演維繫家庭、照顧社會的妻子、母親，同時，也不得不共同分擔起國家獨立運動的責任，走到最前線。

「我常說，巴勒斯坦女人的一生面對兩種壓迫，一個是來自以色列殖民，一個則是來自傳統社會價值觀下的束縛。我一直鼓勵身邊的女人要積極參與政治活動，我們正在努力地打造自由民主的社會，但如果女人無法擁有相同權力，就不是真正的民主平等未來。」奈拉堅定地說著。

巴勒斯坦女人在歷代抵抗以色列殖民的運動中雖然從未缺席，但仍是父權社會為主的情況下，相較於男人，巴勒斯坦女人仍多主內。直到一九八七年第一次人民起義後，開始有了愈來愈多改變，每一個巴勒斯坦的政黨都開始包含由女人組織的委員會。經濟上，巴勒斯坦開始採取群體抵制以色列商品的運動，女人們帶頭，開始耕作、織布、烹飪、製造各類商品，自給自足。政治上，女人們藉由各種創意方式，持續將組織運動的消息傳遞出去，也在各個社區設立臨時學堂，教育因起義運動必須中斷學校課程的巴勒斯坦孩童。

馬吉德六個月大時，奈拉再次因為組織社會運動被捕入獄。她還記得入獄兩週後第一次獲得探視權，見到六個月大的兒子時，既心痛又激動，兒子張手要媽媽抱，一旁的以色列士兵卻說法律規定不得有肢體碰觸，拒絕讓她抱兒子。自此，巴勒斯坦人開始在以巴兩國的媒體上為奈拉組織一場「讓奈拉與兒子團聚」的連署運動，十天後，以色列軍方通知奈拉的家人，他們願意讓奈拉與兒子團聚，但不是釋放奈拉，而是要求她帶著兒子繼續在監獄服刑。

以色列逮捕巴勒斯坦社運分子的政治牢獄，不同於好萊塢裡描述的各種監獄暴行，這裡的巴勒斯坦人總是互相照應，發展出如同家人般的穩固情誼。大多數因政治因素入獄的巴勒斯坦女人和奈拉一樣有家庭、孩子，因抵抗起義被捕後，被迫與家人分離。奈拉的兒子是當時獄中唯一的嬰兒，激起每個為人母對孩子的思念，總是搶著幫忙換尿布、餵奶、玩耍等各項差事。在獄中的馬吉德像是多了好幾個媽媽般，被呵護、照顧著長大。

六個月後，奈拉和一歲的兒子一併出獄。直到馬吉德兩歲時，奈拉不得不和以色列軍方簽署協議自行流放，兩年不得入境巴勒斯坦，才得以獲准離開，與居留埃及、多年前被以軍驅逐出境的丈夫團聚。即使經過重重困難、威脅與阻撓，奈拉從來沒有放棄起義，繼續擔任組織巴勒斯坦女人的責任。

一九九三年，《奧斯陸協議》簽訂後，本應以「和平」手段調停巴勒斯坦人民起義，事後卻證明這個協議完全未以巴勒斯坦人的最大福祉著想，將巴勒斯坦自治區劃分為A、B、C三區，扶植起一個有名無實的巴勒斯坦自治政府，成為以色列和西方列強掌控下的傀儡政府。

「雖然沒有直接被以色列軍隊占領，但你知道軍隊隨時可以進來帶走任何人。他們給你的自由只是藉口，這種自由不是真正的自由，我們仍然時時被監控。」奈拉描述協議後巴勒斯坦自治區的景況——奈拉現居於A區的拉馬拉市，理論上，這裡的軍事、行政權皆由巴勒斯坦自治政府管轄，以色列軍隊不應涉入。然而，幾乎每一晚，拉馬拉市都可以見到大批以色列坦克車、軍隊入侵，任意逮捕他們指稱有「恐怖分子」嫌疑的巴勒斯坦人。

「我從來沒有想過要擔任起義領袖的角色，但事實上我們就是沒有選擇，如果我不站出來，還是會有其他人必須站出來，這是我們一生都無法逃避的事實。我也是人，同樣有我的害怕、擔心，我不是不怕死、不怕流血，但我和其他巴勒斯坦人一樣，知道自己的權力必須自己爭取，這樣的想法推動著我們前進。」

奈拉形容著許多年輕孩子日夜面對荷槍實彈的以色列士兵，有時看著自己的親人、朋友在面前受傷、死亡，久而久之，就算本來沒有打算抗爭，都不得不加入起義行列，她反問：「這樣『不正常』的生活，有多少人能默默忍受？」

邁入花甲之年的奈拉，雖然已經不似紀錄片歷史影像裡那個年輕力壯的少女，歲月帶來的痕跡在眉頭鬢角上已經藏不住，但她眼神裡的堅強和溫暖的微笑都絲毫沒有減退。

她溫柔而堅定地對我說：「今天不是我們什麼都不做、不抵抗就會平安無事，巴勒斯坦人的生活裡沒有一處是不被殖民占領影響。抵抗殖民、爭取自由是我們（被殖民者）的權力，這是每個人緊緊抓住的希望，也是讓我們在這樣壓迫苦痛生活中能夠繼續活著的動力。」

巴勒斯坦女性媒體工作者的成就與困境

「人們總是對不了解的人事物有既定的刻板印象，例如，許多不認識巴勒斯坦的人，總是會想像巴勒斯坦人應該是怎麼樣，想像巴勒斯坦女人、阿拉伯女人、穆斯林女人應該是怎麼樣。所以，在我來到卡達半島電視臺（Al-Jazeera）工作後，因為是國際媒體，共事的同事有許多來自世界各國的人們。認識我的人常會驚呼：『妳和我想像的好不一樣！』每次遇到這

伊莉雅

伯利恆隔離牆

伯利恆赫社難民營

種回應，我都笑笑，一邊想著：『我倒是很好奇，在你的想像中，我該是怎麼樣的呢？』」

剪了一頭俐落鮑伯短髮的伊莉雅．胡爾比亞（Elia Ghorbiah）是半島電視臺的影視記者，也是我在巴勒斯坦當獨立記者時結交的好友。認識她時，她還沒進入半島電視臺，和我一樣是自由記者。每天在外跑新聞、做紀錄，手機和相機絕對不離身，對她來說，在巴勒斯坦發生的每一件事情都值得做成專題報導。

即使從來沒有在國外留學或旅行的經驗，伊莉雅努力自學，講著一口流利的英文，熱心幫助每個來巴勒斯坦的外國記者朋友。她積極且獨立，除了擔任翻譯，同時也是許多阿拉伯與歐洲媒體的特約巴勒斯坦記者。

啟發伊莉雅走上記者之路的是二〇〇〇年開始的第二次巴勒斯坦大起義。

「當年的我八歲，我們家在伯利恆（Bethlehem）的聖誕教堂（Church of the Nativity）旁，那裡曾經是起義抗爭最激烈的地方，以色列軍隊因此用重兵封鎖整個伯利恆，我們好幾天不能出門，連買食物和水都被禁止，只能待在屋子裡，靠國際人道救援組織發放糧食。我媽媽費了好大的功夫，才找到方法偷渡足夠的奶粉餵出生沒多久的妹妹。我記得自己從屋子裡的窗戶望出去，到處都是坦克車、飛舞的子彈和擁槍的以色列士兵。一天，以色列士兵突然強行闖入我家，用槍指著我們，命令全家人擠到同一個房間，士兵抓住父親，不斷對他咆哮，問他隔壁鄰居去哪裡，原來，被追捕的鄰居是反抗以色列殖民的首領之一，以色列士兵找不著他，便開始騷擾、恐嚇社區裡的每一戶人家。父親不斷回答什麼都不知道，我們一家人也沒有參與任何行動，但那位士兵依然憤怒不已，他在我們面前，朝著父親的耳邊近距離開了一槍做為警告；什麼都沒問出來後，他們還是逮捕了父親。我永遠都不會忘記那一幕和那聲槍響，以及糾結在我心頭的害怕、憤怒不平與傷痛。每天我都問媽媽，爸爸去哪裡了？他吃得好嗎？睡得好嗎？」

以色列士兵在社區裡騷擾、恐嚇每一戶巴勒斯坦人家後，仍找不到那名鄰居，最終，他們下令發射飛彈，直接摧毀整棟房子，在房子裡躲藏的鄰居一家人慘遭活埋。

軍隊轉移主戰目標後，住在伯利恆的伊莉雅終於能夠離開自己的房子，到外面行動。「記得我去造訪社區的另一家人，他們的女兒才剛完成一起自殺炸彈客行動，家裡擠滿來訪的客人。我爸爸被捕，以及造訪這家人的經驗對我留下很深的影響，我開始蒐集所有手邊可得的各家報紙，研究起關於巴勒斯坦起義的一切。也因此打開我對傳播媒體、政治的興趣，希望長大後能成為記者，記錄在巴勒斯坦真實發生的故事。」

我會認識伊莉雅便是透過她的一部短影片報導，當時我深受報導中濃濃人情味打動，我知道能做出這樣故事的人，一定對這片土地與土地上的人們有著深刻連結，便主動聯繫她。

第一次會面時，出現在我眼前的伊莉雅，嬌小的身形（不到一百六十公分）卻扛著大大的攝影採訪器材和腳架。不久後，性格熱情的她和我成為無話不談的好朋友。她不吝分享在巴勒斯坦的經驗，常聽到有什麼故事也會通知我，詢問我有沒有興趣一起前往記錄。

一次，與伊莉雅和另一名巴勒斯坦記者亞拉・達拉格梅來到貝特伊（Beit El）猶太屯墾區附近進行採訪故事時，他們向我回憶二〇一五年入秋開始的那場起義。除了被許多巴勒斯坦政治人物高呼稱做「第三次巴勒斯坦大起義」，外國媒體也稱其為「刺刀起義」（Knife Intifada）、「耶路撒冷起義」，斷斷續續從二〇一五年秋天一路邊燒至二〇一六年夏天。

貝特伊是建造於拉馬拉市內的一座猶太屯墾區，硬生生且不自然地落在巴勒斯坦政經貿易活動熙攘的市中心，像是個日夜準時敲打、提醒巴勒斯坦人民以色列殖民占領存在的鐘鼓。

猶太屯墾區的擴建違反國際法，卻一直是以色列政府在巴勒斯坦蠶食鯨吞土地的策略之一。

以色列政府年年規劃預算，在巴勒斯坦人居住的西岸各城內建立起一座座猶太屯墾區。這些建設總是不顧原先巴勒斯坦住民的居住規劃，將屯墾區「由天而降」，插入巴勒斯坦西岸的生活中。如果規劃建造屯墾區的土地上已經有世代居住在此的巴勒斯坦居民，以色列軍隊不會因此改變地點，反而會發給這幾戶居民信條勒令盡快搬走；若居民不願意拋棄家園，幾天後，以色列推土機與怪手便會蒞臨家門口，一磚一瓦推倒一座座巴勒斯坦人的家園。

而猶太屯墾區實如其名，專門建造給全世界猶太民族或擁有猶太信仰的人居住，實行徹底的「排非猶」計畫。雖名為「住宅區」，住在裡頭的居民卻百分之百擁有

「自衛」用途的各種槍械。

伊莉雅和我一同在前線採訪時，總對我耳提面命：「如果待會看到士兵，不用太害怕，雖然這些士兵還是常會攻擊我們，有時是噴辣椒噴霧，有時沒收相機記憶卡，甚至還對我們發射催淚瓦斯彈，但相機就是我們最好的武器，他們看到記者的背心也多少會收斂一點，有點『分寸』。妳還是可以繼續採訪，況且妳是外國人，他們會對妳手下留情一些。可是，若妳看到猶太屯墾居民，記得別管什麼採訪，快逃，保命才是優先，他們的槍口可不管妳是哪個國籍的人、有沒有穿醫護或記者標誌的背心。」

讓屯墾居民能這麼橫行無阻的原因其來有自，以色列政府為了確保在此的住民感到安全，且維持忠誠度，為他們打造出「猶太屯墾區豁免權」的氛圍，基本上，無論屯墾居民犯下任何罪行，除了會由不同司法機構執行判決外，最終鮮少會有實質的懲處或刑罰產生。

因此，在巴勒斯坦西岸遭以色列軍事鎮壓最盛的地區，除了各個以色列軍事檢查哨與隔離牆外，就屬於各地非法建造的猶太屯墾區了。我們當時走過的貝特伊屯墾區在第三次人民起義中，便是以色列軍隊鎮壓起義民眾最激烈的地方之一。

亞拉指了指自己的額頭，亮亮的額頭上有一道淺淺的，但依然可見的粉紅色傷疤。

「這是我在那次起義做新聞採訪時留下的紀念品。」他豁達地笑著，那道傷疤顯然在癒合後是個值得好好炫耀的功績。

伊莉雅轉頭瞪了他一眼，「亞拉當時可是把我嚇死了，我還在錄影，他突然大叫一聲倒下，一回頭，我只看到他倒在地上，整顆頭血流不止。以色列士兵當時射擊抗議的巴勒斯坦人，又投擲催淚瓦斯彈，煙霧瀰漫，什麼路都看不清楚，只聽得到四周的人都在奔逃大叫，那一瞬間，我還以為亞拉要死了。」

他們秀出手機裡的影片給我看，伊莉雅當時正用手機直播功能記錄衝突畫面，也第一手記錄下亞拉的中彈實錄。

「你們常受傷嗎？」我想起和其他巴勒斯坦記者聊天的過程，他們也不約而同提起自己多次在報導時中彈受傷，喉嚨和鼻腔因吸入過多催淚瓦斯彈而常常至醫院報到的經驗。

二〇二二年五月，無人不曉的巴勒斯坦知名電視臺記者夏琳・阿克利赫（Shireen Abu Akleh）在報導現場被以色列狙擊手暗殺，戴著鋼盔、穿著印著「記者」字樣在傑寧難民營採訪的夏琳，遭子彈射中唯一不被鋼盔保護到的耳際太陽穴處，一槍斃命，當場死亡。以色列軍隊以「避免造成以色列社會對立」為由，拒絕對此槍擊案做調查或懲處。

根據統計，自二〇〇〇年以來到現在，至少有五十五名巴勒斯坦記者在工作現場遭以色列軍隊射殺。單以二〇一四年為例，一年內就有超過十六名巴勒斯坦記者在報導衝突中喪生，而在二〇一三年的統計數據中，記者工作遭到以軍介入與干涉的就超過二百起案件，其中過半的案例中，巴勒斯坦記者都曾被以軍暴力對待。無國界記者（Reporters Without Borders）組織便曾將巴勒斯坦列為全世界媒體工作者人身安全與權益最堪憂的地區，僅次於敘利亞。

許多巴勒斯坦的新聞社與電臺都曾被以軍搜索或強制性閉臺，巴勒斯坦記者們遭到以方逮捕起訴的理由通常是在社群媒體或新聞報導裡「煽動民情、鼓吹及鼓勵暴力對抗以色列當局」，此外，記者在工作時受到暴力騷擾的數量節節上升，每位和我交談過的巴勒斯坦記者，沒有一人倖免於子彈或士兵的言語、肢體暴力。

即使國際人權組織與巴國政府多次譴責以色列攻擊記者的行為違反國際人道法

（International humanitarian law），多年來，在西方主流國家對以色列毫無經濟政治制裁與約束的情況下，仍舊沒有實際的解決之法能夠制止以色列士兵攻擊巴勒斯坦記者的暴力行為。

除此之外，在巴勒斯坦從事記者行業二十年來最大的阻礙還來自於行動自由受限，例如二〇〇七年，巴勒斯坦電視臺記者法提．埃爾文（Faten Elwan）因在報導現場遭以色列士兵騷擾逮捕，隨後以「不服從士兵指揮」為由，褫奪她申請前往以色列報導的通行證資格近十年。

伊莉雅曾多次遞出能夠到以色列境內採訪的記者通行證申請，也一再被以色列飭回，在種族隔離政策下，身為巴勒斯坦記者的身分，讓審核能通過的機會非常低。

「我成為記者的這幾年裡就中彈好幾次，其中兩次特別嚴重。一次是因為以色列士兵射出的子彈，被一枚反彈的彈殼打中胃部，讓我到現在還是有點腸胃問題；另一次，他們開槍射中我的手臂，讓我好幾天不能下床，打了好幾週的石膏呢！」伊莉雅回覆我的問題。

她繼續說：「我的爸媽也會擔心，曾想阻止我繼續走這條路，可是他們了解我的初衷，看了我的作品後，知道這是我真正想走的路，就不再阻擋了。況且，我在外頭從來都不是一個人，起義的那幾個月，我和許多記者一起輪流住在不同的巴勒斯坦抗議者家中，無論是抗議者或記者，我們都群體行動，不會落單，有經驗的會帶著沒經驗的人，大家互相照看、照顧，沒有任何一個新聞故事是獨家到值得丟下夥伴和朋友。在這裡，大家都是各自跑各自的新聞，每個人都是為自己工作的獨立記者；但同時，沒有人是獨立記者，我們必須互相照看、照顧，唯有如此，才能一起活下去。」

來到半島電視臺工作，伊莉雅可以和團隊一起製作新聞節目，除了報導巴勒斯坦，她也開始接觸其他國家的新聞，發掘許多自己以前沒有想過的新觀點，同時，她以自己的身分讓其他人看到一個他們以前可能沒有看過的巴勒斯坦。

「我很榮幸能夠以巴勒斯坦人的身分來這裡工作，我每天都告訴自己要拿出最好的表現，畢竟，在很多人眼中，我就代表巴勒斯坦，代表了巴勒斯坦女人。雖然每個人都很獨特且多元，不是每個女人都是穆斯林，也不是每個穆斯林女人都會穿戴希賈布（Hijab，頭巾），即使穿戴頭巾，每個人都有自己偏好的紮綁方式。但透過與我的交流，至少很多人能夠開始漸漸理解與願意傾聽巴勒斯坦的聲音。這也是為什麼我常強調每個人都扮演著重要的角色，像妳雖然不是巴勒斯坦人，但以中文寫巴勒斯坦的故事，讓閱讀中文的人看見不一樣的角度，就是對巴勒斯坦最大的支持，這也是許多非巴勒斯坦人能幫助我們最好的方式——**聽巴勒斯坦的聲音，再分享出去讓更多人知道這片土地上發生的真實故事**，千萬不要妄自菲薄，一分力量是一分。」

伊莉雅說人與人的現場親身交流非常重要，但媒體，尤其是社群媒體，在全球化的世界仍舊占著舉足輕重的地位。就她的觀察，最近這幾年有更多人因為社群媒體的力量，從原本「中立」的態度，轉為支持巴勒斯坦。

看似實踐在阿拉伯世界當記者的最高榮耀，伊莉雅卻信誓旦旦告訴我，這裡絕對不是她的職涯終點站，她最大的希望仍然是將所學與專業帶回巴勒斯坦，開設工作坊，帶領更多年輕一代的人用科技、傳播媒體的力量發揚巴勒斯坦的聲音。

她的眼睛閃爍，淺淺的微笑中噙著一如往常的自信：「知識是我們最好的武器。我們要讓年輕一代的巴勒斯坦人承續希望，讓他們知道自己在國際法律上的權利，也讓他們學習如何運用媒體、社交平臺讓世界上更多人看見發生在這裡的真相。同時，我們這一代的人也背負讓年輕人與世界接軌的責任，這世界上除了巴勒斯坦，還有許多正在受到殖民力量、種族隔離及歧視壓迫的人，例如黎巴嫩難民等。以色列殖民巴勒斯坦已經超過七十年，人民的生活狀況每一年愈來愈糟糕。我們抵抗以色列最好的武器，不只是子彈，也不只是石頭，而是知識。以色列不斷嘗試在國際上抹滅、偷取巴勒斯坦的文化與歷史，因此，我們更要積極地將這些知識與文化保存、流傳下去。」

我來自巴勒斯坦，出生就是難民

「離開加薩，是我做過最痛苦的抉擇。」手中抱著寶貝女兒，睿理緩緩地說起自己這段「求生」的故事。他時不時低頭親吻女兒的額頭，緊緊環抱的那雙強而有力的臂膀不曾鬆懈，疼惜憐愛之情溢於言表。

三十四歲的睿理來自巴勒斯坦的加薩走廊，二〇一六年隻身來到加拿大，成功申請到政治庇護（Political Asylum），成為加拿大境內二十萬人口的「難民」之一。

但「難民」這個身分標籤對睿理來說，早已不是新鮮事。

「我一出生就是『難民』——更正確一點地說，我的父母和兄弟姊妹，我們一出生就都是難民了。」

睿理解釋：「我的家族來自於亞實突村，一九四八年，以色列軍人來到那裡，我的祖父自此被驅逐出家園，毫無去處下，只好帶著一家人逃到加薩走廊，成為聯合國名單上的難民。」一夕之間，近七十萬巴勒斯坦人流離失所，被迫逃離家園，遷徙至鄰近阿拉伯國家或暫居在臨時搭建的難民營。

然而這個暫居，一住便超過七十年。以色列與巴勒斯坦的土地主權糾葛非但沒有解決，反而愈演愈烈；即使一甲子內，歐美國家多次嘗試介入，擔起和平會談的中介者，仍無法阻止以色列逐年壯大的殖民擴張與軍事占領。

高高的隔離牆將巴勒斯坦的土地切割得四分五裂，年年不間斷擴建的以色列屯墾區像是昭告著天下：巴勒斯坦建國路早已步入死胡同裡，再也找不到其他出路，到不了終點，也回不了起點，只能迷失在原地，等待未知。

睿理回溯起童年對漸漸理解「難民」之意的過程：

「父母在我出生前就到利比亞定居，當時巴勒斯坦的經濟狀況慘澹，父親在利比亞找到教職的工作後，生活狀況還算穩定。因此，還沒經歷過以色列軍隊的殖民壓迫前，『難民』這個標籤對我來說一直沒有什麼特別意義，畢竟我們一家人一出生就是難民了，接受這個頭銜就像接受我是巴勒斯坦人一樣自然。當時，我不了解難民的意義。直到八歲時，穆安瑪爾．格達費（Muammar Gaddafi）政府下令驅逐境內所有外國人，於是爸媽帶著哥哥、兩個妹妹和我一同遷回加薩，那是我第一次理解什麼是『流離失所』。在埃及的沙漠裡，我們用棉被、毯子搭成帳篷——有點類似現在新聞上或一般人想像的戰爭難民營那種帳篷，住了十五天，才獲准自埃及回加薩。」

由於難民的身分，回到加薩後便住進當時人口密度居冠的賈巴利雅難民營（Jabalia Camp）。在加薩，拿著聯合國發給的難民身分證，才得以領取各項補助，包括醫療、日常生活用品與食糧等，而睿理與兄弟姊妹都是在聯合國贊助的免費學校受教育。

「回到加薩後，我才漸漸知道『難民』和其他人不一樣，我開始討厭別人說我是『難民』，因為那意味著我不屬於這個地方。我到現在還記得，當聯合國記者來採訪祖父時，他拿出一把鑰匙，那是他在亞實突的住家鑰匙，被以色列軍隊武力驅逐後，他一直隨身攜帶、謹慎保存著這把鑰匙，他堅信總有一天會『回家』。自那時起，我才知道自己身上背負的難民標籤，意味著我還有另一個家，而我們尚未『回到自己的家』。」

睿理理解自己身分後，決定要認真念書、工作，不讓「難民」的標籤成為追求理想生活的絆腳石。終於在大學畢業後，順利爭取到馬來西亞攻讀MBA學位的機會；獲得學位後，睿理抱著返國貢獻的心念回到加薩，廣泛的人脈和努力不懈的精神讓他很快獲得許多人人稱羨的工作機會，不僅年紀輕輕就擔任NGO組織的企劃經理，同時兼職大學的課程講師與研究人員。

回到青年失業率超過六成的加薩，睿理身兼多職，薪水收入高且穩定，理應感到心滿意足。然而，他卻開始萌生離開的念頭。

「馬來西亞念書的那幾年，算是我人生很大的轉捩點。去馬來西亞之前，我從沒想過有天會想離開加薩，畢竟我愛自己的國家，我希望奉獻所能為國家效力，再加上我最愛、最愛的家人都在這裡。但馬來西亞的日子讓我理解到，那些被奪取『自由』的滋味。第一次，我得以接觸到來自世界各地的朋友；第一次，能夠『旅行』到別的國家；也是第一次，透過旅行，看見世界的『歧視』與『不平等』是怎麼回事。」

睿理談起好幾次馬來西亞的歐美朋友們於東南亞各國旅行時，他們手持的護照總是暢行無阻，甚至不須申請簽證。而自己總是因為護照上印著巴勒斯坦的字樣，處處受到刁難與阻撓，沒有一次出入境時不會被請去小房間質問。

「我申請去菲律賓的簽證時，駐馬大使館不斷告訴我，必須去『以色列』的菲律賓使館申請，儘管我一直告訴他自己來自加薩，不能去以色列，對方仍舊無法理解這個『來自加薩』背後代表的意義。我開始了解即使離開加薩，『仍舊沒有離開加薩』——**只要巴勒斯坦依然活在以色列殖民占領下，我們的人權就不會有得以伸張的一天。**」

睿理表示：「在馬來西亞，至少還能短暫感受『正常人』的生活。回來的隔年就爆發『二〇一四年加薩戰爭』，我發現無法再用同樣的眼光看待加薩的生活。一天只有四到六小時的電，天黑後，我的世界只剩一片漆黑，除了和家人、朋友坐在門外聊天，沒什麼太多娛樂或餘興活動可做。我只好更加沒日沒夜地工作，至少工作讓我可以有目標，能夠保持理智——好像只要不斷忙碌、專注於工作，就可以暫時忘記加薩生活的苦。」

於是，三年後，睿理做出最艱難的決定——離開加薩。

「下這個決定對我來說很痛苦，因為代表著必須離開家人。我和家人的關係十分緊密，尤其是和我的母親，我總是幫忙她煮飯和做一切家務，即使有時親戚們總笑我是『媽寶』，一點都沒有『大男人』的樣子，我也不在乎。那些加薩『黑暗』的日子裡，最令我懷念的快樂時光，就是下班回家的午後，和母親一起坐在門外喝熱茶，搭配餅乾與甜食，一面吃，一面聊天的時刻。」

睿理說到這裡停頓了下來，突然起身走入廚房。

不久後，陣陣茶香傳來，香味還和著鼠尾草——這是一種巴勒斯坦最常見的煮茶方式，紅茶包配上幾根乾燥風乾的鼠尾草，一併滾熟，帶著特殊的氣味，不自覺讓人產生再度嗅到巴勒斯坦乾燥夏日裡泥土味的錯覺。

啜了幾口茶，睿理摸摸女兒小小的臉，再度開口：

「促使我做出離開的決定還有一個最主要的原因：我不希望孩子將來必須受與我一樣的苦，不希望他們和我一樣必須活在殖民占領、戰爭與死亡的恐懼裡，更不希望他們在這個世界上會因為出生背景、護照上印製的身分而飽受歧視。我想讓他們擁有『自由』，一份人人生而平等享有的『為自己做選擇的自由』。」

睿理放下茶杯，緩緩說道：「很多人問我為什麼選擇到加拿大定居？然而，這個問題忽略了一個核心重點——**對巴勒斯坦難民來說，大部分的時候都不是我們『選擇』什麼，而是命運和現實的狀況逼著我們做出決定**。這不代表加拿大不好，只是我從一開始就不是擁有選擇權的那一端。」

睿理的這一席話包含多重背景脈絡，其一，近幾年敘利亞內戰爆發後引發的歐洲難民潮，讓許多原本對接受難民且抱持開放態度的歐洲國家，紛紛表示經濟與政策上吃不消。更甚者，二〇一七年，美國川普總統上任後，其反移民、築高牆的口號愈演愈烈，再度引來新一波種族歧視、新納粹主義力量的崛起。信仰伊斯蘭與阿拉伯裔的身分，使睿理認為美國不適合成為安身立命、成家和受到公平對待的地方。

其二，加薩走廊長期在以色列的軍事封鎖下，沒有人身行動旅行的自由，加薩人不得任意離開出境。唯一能讓加薩人通關，以及與埃及接壤的拉法邊境，因著二〇一三年的埃及政變，軍政府取得政權，塞西接任總統後，欲壓制在國內與哈馬斯關係密切的穆斯林兄弟，於二〇一四年正式上任後便愈來愈少開關放行。即使通關放行，往往毫無預警，沒有人知道下次開關是什麼時候，也沒有人知道自己的名字會不會出現在獲准上路的名單。

睿理點開手機裡的 Youtube，播起阿拉伯世界無人不知的黎巴嫩歌手——菲魯茲（Fairuz）的音樂。她的歌曲乍聽慵慵懶懶，然而低沉渾厚且獨樹一幟的唱腔一舉擄獲阿拉伯人的耳與心，據說在她事業最高峰的時期，黎凡特區（Levant）的阿拉伯國家，每天早晨，家家戶戶的收音機定是傳來菲魯茲的歌聲。

「爸爸從我小時候起，總是在早晨時播放菲魯茲的音樂，那時我不懂她的歌聲傳唱的不只是音樂的故事。直到離開家後，我才慢慢理解句句歌詞和音韻裡，她用樂符所表達的是對土地的愛。」睿理低聲，好似自言自語解釋著。

原來，這抑揚頓挫、韻味十足的嗓音，乘載更多的是睿理對家鄉的思念。

「這趟離開的旅行從加薩開始，自二月十三日，一直到五月二十九日，我才真正踏上加拿大的土地。」睿理嚥了嚥口水，開始講起這段「旅程」。

「對世界上許多人來說，旅行就只是買張機票、打包行李和帶著護照。但對我們來說那是一個未知數，你不知道什麼時候可以走，更不知道走了以後，還有沒有機會再回來。」

二〇一六年二月十二日上午，加薩的大街小巷，人們口耳相傳著一個消息——接下來三天，拉法邊境要放行了！睿理在同一天接到一通行政人員打來的電話通知——「收拾好你的行李，明天早上準備出發，你被安排在八號加薩離境巴士。」

「接到電話的當下，我的心情很複雜。或許我是快樂的，就像每個在加薩苦苦等待一個離開機會的年輕人一樣，我對即將展開的旅程感到興奮；但同時，我也感到害怕，我愣在原地不斷反問自己：『現在我該做什麼？』畢竟，我要『離開』了，不是只去『旅行』，我早已立下決心，若加薩狀況不變，我不會再回來。那現在該準備什麼？該向誰道別？只剩不到二十四小時就要離開，我該和誰見面？要怎麼告訴我最愛的家人們自己要『離開』了？那種千頭萬緒且毫無方向的感覺讓我感到無比慌亂。」

睿理頓了頓，嚴肅的臉上看得出他努力地擠出一絲微笑：「妳知道嗎？儘管隔天早上要出發，但我連個行李箱都沒有。」

睿理第一個把消息告訴母親，兩人一起去市集買行李箱。他開玩笑地說，這便是加薩人的「旅行方式」，不會有完整的規劃和充裕的準備時間。

「回到家後，母親幫忙打包行李。我挑了幾件衣服放入行李箱，看著衣櫃裡已經裝不進行李箱的滿滿衣物，我對母親說：『等我出去後，就把這些衣服拿去分送給有需要的人吧！』母親拒絕了，淡淡地說：『你還會回來，這些衣服還會繼續穿啊！』我當然知道她那句話是什麼意思，但我不忍心多說什麼，也不願意多想，看著她在眼眶打轉的眼淚，我趕緊和她開玩笑：『我當然會回來啊！我剛剛的意思是，就算有天我回來了，身材也不會和現在一樣，說不定我變太胖或太壯，這些衣服就穿不下了！』」說到這裡，睿理停了下來，低頭久久不語，那陣沉默好深，當他再度抬頭時，快速地用手抹了抹臉上滑下的淚水。

「打包好行李，距離出發只剩不到十二小時，老實說，至今我還是不記得，離開前究竟有沒有和我已經出嫁的妹妹見到面或通電話？十二小時內實在發生太多事。我完成手邊幾樣工作，和幾個親近友人短暫會面，打給老闆說我明天將出發。他沒有多說什麼，只給了我最高的祝福，希望我一切平安順利——這是加薩人之間的默契，每個人都知道這裡的未來太過未知，一切改變都不是我們可以掌握在手中或事先向公司遞辭呈。」

清晨五點，睿理的母親將他叫醒，早餐早已備好，要接他去搭過境巴士的計程車很快要到了。這時，睿理的母親再也忍不住開始大哭，他始終忍著不讓眼淚掉下來，也忍著不讓哀傷的情緒更加深母親的傷痛。

在八號離境巴士上，睿理和其他一百零八位乘客——有的是小孩，有的是老人，每個人都有不一樣的啟程原因，擠在原本只能乘載四十五人的空間內，或站或坐地挨著、擠著，在埃及的關口前等待整整十二個小時，年紀還小的孩子與嬰孩們因為太過勞累且不舒適而大哭尖叫。然而，晚上九點，邊境人員告知他們明天早上再回來，今天可通關的人數已達上限。

「我打電話告訴家人這個消息，搭了計程車回家，好讓他們可以和我再多相處幾個小時，隔天清晨再度出發。這次母親沒有哭了，我想這應該是當加薩人的小小好處吧！即使我們被通知出關，但到了關口仍然會被送回家，這次她比較有心理準備了。」睿理不改個性，儘管眉頭緊皺，仍說著玩笑話。

第二天，八號離境巴士終於順利出境來到埃及一端。全部的人都被留置在埃及的等候大廳內二十四小時，裡頭只有寥寥數張椅子，沒有餐廳吃飯，也沒有床鋪睡覺，連唯一的廁所都因為不堪負荷五百人使用而故障。

每個人能做的只有與身旁的陌生人聊天，等待自己的名字被埃及海關叫到，其餘時間還是等待。因為怕睡著而錯過被叫到名字，幾乎所有人都徹夜無眠地睜眼等候。

「終於，我的名字和其他幾個幸運兒一起被海關叫到了。搭上前往開羅機場的巴士，儘管這趟旅程仍不安穩，由於西奈半島的局勢，幾乎每數公里就必須下車走路，讓士兵搜查一次。但到現在仍舊記得那一幕——飛機起飛、降落，當我走出目的地機場的那一瞬間，我抬起頭，直視那片湛藍的天空，我不願低頭，就這麼一直看著天空。久久不敢相信自己真的已經離開，不敢相信我終於開始能夠對自己的生命擁有自由的選擇權力。」

抵達加拿大後，在紅十字會與法律援助中心的協助下，睿理的案子在同年八月被法官首準，成為加拿大法律保障下的政治庇護難民。

數年後到現在，睿理經歷無數工作：從一開始找工作處處碰壁，一邊在便利商店上夜班，一邊擔任社區義工，到後來在家庭庇護所擔任社工，終於順利在政府部門找到穩定工作，也從單身一人，變成兩個孩子的爸爸。

難民這個身分對睿理而言，已經不再只是一個媒體或任何人加諸在他身上的刻板印象，也不再只是代表著他「無家可歸」的處境。

「我深刻理解到，即使當我有天拿到居留證或加拿大的公民身分，而不再是拿著一張『難民』法院紙時，我仍會將這個頭銜存放在心裡。因為，這是代表永遠的自我身分認同的印記，代表著我身上流著的血液、我的家族家人，也代表著一個必須被世界正視的問題——我來自巴勒斯坦，巴勒斯坦人依然生活在以色列的殖民占領與種族隔離下，仍在為最基本的自由與人權努力奮鬥著。『難民』的意義必須一直被所有人背負在身上，我們必須用力地為這個名字活著，時時提醒自己，提醒身邊的人和這個世界，難民不是頭銜，也不只是個身分，他是那些曾經擁有家，和你我一樣享有人生自由權力意志的人們，因著世界的不公不義而被奪取權力。難民的問題永遠不會因為幾個國家願意慷慨地接納保護而消逝，必須從根治起——**那些戰爭的源頭與殖民的現實狀況。只有我們正視難民的源頭，才能讓這個『問題』，真正在未來被和平解決。**」

離開「露天監獄」，在異鄉繼續為女權奮鬥的巴勒斯坦難民

「我最大的夢想就是以『巴勒斯坦』人的身分環遊世界。」一頭長長的棕黑髮在已入冬的北風裡飄逸，來自加薩走廊的比珊．謝哈達（Bessan Shehada），身著一襲傳統巴勒斯坦刺繡服飾，一邊在森林步道上自由地轉圈跳躍，一邊說起自己的故事。

「這個夢想對很多人來說或許很不怎麼樣，但對我來說卻很重要，我希望在旅行時能夠被平等對待。我想擁有那份『自由行動』的權利，不會想去哪裡時被攔下來盤查，不會每次跨越國界時被叫去審訊，不會再因為我是誰、來自哪裡而被拒絕入境，也不會再因為我的護照而受到差別待遇。」

一反許多人對阿拉伯女性的刻板印象，比珊在初秋的涼爽氣候下穿著短袖。即使

一家人都是穆斯林，在與家人達成共識下，她從小便從未穿戴過頭巾。開朗外向的個性，使她總是能立刻和來自各種背景、種族的人聊起天，變成朋友。熱愛一個人到處旅行，不管騎馬、游泳或登山都難不倒她。

二〇一七年九月，她獨身一人帶著一個小旅行袋，自美國徒步走向邊界來到加拿大，向執勤的加拿大警察申請政治庇護；二〇一八年三月，正式於加拿大移民法官的認可下，獲得受保護難民（Protected person）的身分。

「其實，我從來沒有想過要離開加薩，也從來沒有『計畫』離開加薩這個選項。我在加薩的生活可以說穩定而富裕，我有人人稱羨的工作，有無條件支持我的選擇的家人、朋友。我想強調的是，世界上沒有人會無緣無故想離開家，隻身到一個完全不認識任何人的陌生國度。我很愛家人、朋友，也很愛加薩，離開加薩是一個很孤單的旅程，也是很艱難的決定。」

二〇一六年，也是二〇一四年加薩戰爭結束的兩年後，比珊遞出申請，要在下一次埃及拉法邊界開關時離開加薩。她一開始心中想得很簡單，沒有打算永遠離開加薩，純粹希望能到美國探望在那裡念書的弟弟，順便去透透氣，暫時離開這座愈來愈禁錮人們自由呼吸權利的加薩露天監獄。

在候補名單上整整等了一年多，比珊好不容易在二〇一七年八月被通知獲得出關的許可。「當我抵達邊界、帶著一切合法離開加薩的美國旅遊簽證時，我被哈馬斯的人叫去傳訊室。」比珊在加薩小有名氣，父親是日本NHK電視臺在加薩境內的媒體負責人。大學畢業後，比珊追隨父親的腳步，成為一名記者，得以偶爾拿到出加薩的許可證來到巴勒斯坦西岸或其他國家進行採訪。

比珊的母親是巴勒斯坦著名的女權運動人士，使她從小耳濡目染，對男女應享有平權的觀念根深柢固。她不願依循傳統阿拉伯部族家庭對女人的束縛，堅持自我，行事作風大膽，該行俠仗義之時毫不猶豫，常為其他加薩女孩出頭，讓她們能夠爭取自主權利。但真正讓她被哈馬斯盯上的，則是她每每在社群媒體上對哈馬斯直言不諱的批評和諷刺。

「我不知道該說幸運或不幸，因為我是個『女人』，擁有『女人特權』，從來沒有真正被哈馬斯逮捕入獄過。假使我今天是個男人，這樣公開批評哈馬斯，早就不知道在牢裡蹲幾年了。只是每次我出入加薩邊界時，總不免被哈馬斯的人叫去小房間審問、刁難一番。」由於比珊好幾年前曾離過婚，哈馬斯總以此攻擊她，明諷暗喻她是個「不檢點」的女人，才有辦法這麼囂張地一直在晚上外出又不穿戴頭巾。

「哈馬斯雖然不曾對我使用肢體暴力，但總是不斷以言語羞辱、挑釁我。妳能夠理解嗎？一個人長期被不實指控與羞辱的那種痛，真的是大過生理上的折磨。我從來沒有害怕過什麼事情，二〇一四年發生戰爭時，我獨自在前線跑新聞，看遍了妳可以想像最可怕的所有事情，但我一滴眼淚都沒有落下過。然而，在出關離開加薩那天，哈馬斯的人對我審訊時的心靈折磨，真的成為我人生中最難堪、最黑暗的一天。」

主政加薩走廊的哈馬斯政黨，其抵抗與統治論述內，除了有民族主義的色彩外，也帶有濃厚的伊斯蘭意涵。然而，當宗教碰上政治，總不免成為主政者操弄意識型態的幕後推手，加薩走廊在哈馬斯的管理下實行推動的律法與習俗，讓原本伊斯蘭的價值瓦解，偏離實質的核心，例如，對聖戰與女權的定義，在哈馬斯的掌權下皆成為服務其政治利益而被扭曲。

比珊娓娓解釋道：「我在加薩當了七年記者，也曾為聯合國的婦女機構工作過，在這期間，我與聯合國的工作人員一起調查加薩發生的家暴案例與背景。家暴在加薩是個很嚴重的問題，但我做了這麼久的研究與訪問後發現，除了譴責男女之間不平權的落伍觀念以外，我們也必須了解，男人在以色列軍事封鎖和爆發戰爭的環境裡找不到工作，沒有家庭收入，而哈馬斯的監控又好像要對生活的所有細節插手一般，男人失去生計，丟失尊嚴，無力而抑鬱。當然，這無法合理解釋或為家暴行為開脫，只是你必須理解，加薩走廊的女人是如何在以色列殖民占領、哈馬斯極權統治、傳統社會男女失衡的三方包圍挾持、進退無路的情形裡，成為最無聲的受害者。」

終於，比珊離開了加薩，順利抵達美國。探視弟弟的期間，她決定要趁機四處旅遊。也是在這時，比珊開始理解到過去在加薩的生活是多麼沒有「尊嚴」。

「在加薩時，我覺得隨時被監視、監控，去哪裡、和誰出去、幾點出去、穿什麼、吃什麼、喝什麼，每件事情都會被訊問、說嘴，不只是哈馬斯，而是整個社會，一個不期待女人天黑後出門、聚會，不期待女人獨立自主的社會。我知道很多家長都很希望自己的女兒不要和我有所往來，怕會被我『帶壞』。在美國時，我想去哪就去哪，從沒有人攔下我問話，甚至根本沒人會注意到我有什麼『特別』。我才發現，自己過去完全被一個封建社會價值觀牢牢綁死。」

比珊難過地回溯起幾次在加薩與其他人的傳統價值觀不合時遇到的衝突，然而，話鋒一轉，她堅定地表示，真正下定決心離開家的原因是她內心對人生自由的渴望：「雖然這些輿論與羞辱讓我很痛苦，但都不是讓我下定決心不再回加薩的主因，真正讓我決定去加拿大申請政治庇護的難民身分，是我體驗何為『自由』後——行動與人身自由，這是在以色列殖民巴勒斯坦下永遠都不可能獲得的人權。」

至今加薩已遭以色列封鎖逾十年，期間，以色列四度對加薩發動戰爭，造成上千名巴勒斯坦平民身亡，無數人失去家園。由於邊界封鎖的關係，許多加薩人失去工作簽證、喪失學生簽證與獎學金的資格，許多重病患者或有先天疾病的新生兒來不及出關、轉院接受治療而身亡，也有人從此和邊界外的家人失去自由相聚、相見的機會。更遑論「旅行」這件事，對絕大多數加薩人來說，完全是不可奢求、遙望不可及的夢想。

「許多人不理解什麼是加薩被封鎖，常遇到有人很驚訝地問我：『為什麼妳不能旅行？』旅行對世界上很多人來講就是簡單地訂機票、訂住宿，拿著護照、簽證就可以出發，但對加薩人來說簡直是不可能的任務，就算發生了，也是千分之一的機會，是你無法預期什麼時候會發生，也不知道結果是如何的過程。」

在美國自由穿梭各城鎮和旅行幾週後的比珊不禁暗自思忖，這種生活與生命真的是自己想要的嗎？「我們一生只能活一次，如果不願意嘗試改變讓自己痛苦的現狀，就只能接受。於是，我下定決心，為了這份自由，我不會再回去了。」

天色漸漸暗下，冷冽的寒風似乎吹得更強烈了些。比珊搓搓手心，向我提議移駕室內繼續那段如何來到加拿大的故事，順便準備晚餐。抬眼看看四周，許多樹早已提前白了頭，她笑了笑說：「雖然加拿大冬天又長又臭，冷死了，但能在這裡真好。」

我們一同回到比珊的家，她邀請我共進晚餐，麻利地一面將食材切洗、準備好，一面繼續講起如何自加薩啟程來到加拿大的最後一段旅途。「我們今天晚餐來吃烤魚和蝦吧！很多人都不知道加薩靠海，很多道地菜餚都是海鮮呢！要不是邊境封鎖後，以色列海軍總在幾哩外的漁場駐守、射擊漁民，我們以前的漁業可是非常、非常興盛。」

二〇一七年九月九日，經過在美國幾週的思量與蒐集資訊後，比珊終於下定決心要靠自己去追尋這一生最大的夢想——自由與人權。依著地圖，她計畫出一份路線圖，在短短不到二十四小時的時間裡，比珊轉機通過四個機場，上了三次飛機，經歷三次安檢，自美西輾轉飛到美東。「那一天的旅行讓我心中多了好多感觸，我花了一年多的時間才得以離開加薩，更不要說對許多加薩人來講，能夠有機會來到機場，坐上飛機是多麼不可求的夢想；而在美國，僅短短一天，我就自由出入飛行、穿越四個機場。這讓我更加確信自己的選擇是正確的，即使心中有很多恐懼和不安，我告訴自己，必須為自己的未來撐下去。」

比珊回憶搭乘計程車抵達美加邊境不遠處，那時司機停下車，指著前方的檢查哨，指引並鼓勵比珊趕緊往那裡走，向哨裡的邊界警察表明要申請政治庇護難民的來意就好。比珊緊張地下車，提著身上唯一的旅行袋，一抬頭，大大的看板寫著「此處後為加拿大，禁止非法進入」，八月的大熱天，她好似仍感到一陣冷風吹過，使她背脊發涼，打了個冷顫。

五十公尺外，她看見加拿大邊界警察站在那裡，她下意識想轉身就跑，那些好幾次被穿著制服的哈馬斯黨員抓去審訊的記憶，那些在戰爭時開著坦克車壓街掃射的以色列士兵的印象，全都瞬間湧上。但這些記憶衝腦的同時，也提醒了比珊，自己為了什麼離開加薩、家人與朋友的一切種種。

「無論如何，再怎麼害怕，我當時已經毫無退路，唯一能做的只有慢慢向前行。」比珊不斷向自己喊話。她深吸一口氣，開始一步步走向警察。好幾百種可能發生的場景一幕幕在她腦海裡播放，眼前的警察有配槍嗎？他會覺得我有威脅性而發動攻擊嗎？他們會趕我回去嗎？他們會讓我申請庇護嗎？

一位女警向她招招手，「妳知道已經來到美加交界了嗎？請不要再前行。」比珊沒有停下，在心中反覆喃喃提醒自己之前找資料時讀到和向認識的人打聽來的消息：不管員警說什麼，繼續走，跨過邊界後就安全了。跨過那道界線前，女警問她：「為什麼妳沒有走正式管道，先申請簽證獲准後再來加拿大呢？」比珊顫顫地回答：「對不起，我真的好累，也好緊張，我經過好長的旅途才抵達這裡。我知道現在是非法入境，但我已經走投無路且別無選擇了。」

女警這才對比珊招招手，示意她跨越邊界。比珊向前跨越那道無形的界線。這時，她累積已久的疲勞、恐懼、焦慮、不安一齊爆發，癱軟在原地，雙手抱住臉，放聲痛哭了好久，她只記得那時候，有人輕輕拍拍她的肩膀，柔柔地向她說：「別擔心，妳現在已經安全了。」

旅程的故事告一段落，魚也烤到熟透了，藏在魚肚裡的蒔蘿香味瀰漫整間屋子。比珊招呼屋裡的友人一起將餐具、菜餚擺盤端上桌，準備共進晚餐。「食物是通往人心最快的路！」總算自廚房的忙碌裡脫身，比珊吐出長長一口氣，看著滿桌的食物，感慨地說：「在加拿大重新開始一切不是那麼容易，尤其，最初抵達時沒有任何認識的親友，找工作、找房子都是一大挑戰，生活習慣、喜好也和當地人不一樣。但我發現只要有好食物，人與人之間其實沒有這麼難連結。」

即使比珊學歷、工作經歷皆十分出眾，仍花了好長一段時間搭人脈、找工作。她目前在加拿大當地非政府組織裡擔任社工，幫助因家暴或離婚、失業而遇上經濟困境的婦女、單親媽媽們。

「我一直都很喜歡料理，來到加拿大後，這成為我覺得孤單時解悶的方式之一。或許是因為料理巴勒斯坦菜餚對我來說，能夠排解鄉愁吧！有時會帶食物到辦公室分享給同事和朋友，美食下肚時，人們總會更耐心地聽我講關於巴勒斯坦的故事，大家圍著飯桌，聊著巴勒斯坦，讓我覺得家沒有那麼遙遠。」

對於自己申請難民的案子在加拿大法庭審理中合法獲得准許，比珊心懷感激，也十分喜歡目前的工作，能夠同樣延續她在加薩專注於女權的專業，協助受害婦女們能夠得到保護。

「我真的是一個非常非常幸運的人。」

餐畢，比珊突然站起身，轉身回到廚房，在爐子上燒起鼠尾草，一股香草燒焦味立刻消除屋內稍早的魚腥味，據她解釋，這是家鄉專門解除家中料理完海鮮時屋子內留有腥臊味的小撇步。

裊裊微煙中，她堅定地說道：「開始現在這份工作後，我很驚訝地發現很多受暴、受害的婦女，其實和我在加薩的所見所聞相去不遠。我以前一直以為加拿大這麼先進、開發的國家，女權理應很進步了，但不管在世界的哪裡，為女權奮鬥都是我們必須不停下腳步，持續努力的一件事。我深刻理解到不管來自加薩或這裡，我們都一樣，面臨的困境、苦難也可能類似，因此，我們都必須支持、捍衛彼此的人權。這也是為什麼我非常以自己身為『難民』的身分為榮，難民對我來說，從來都不是一個負面標籤，也不該是個負面的、拿來為政治利益炒作的工具。每當我在工作上遇到因家庭問題而十分憂鬱的人時，我會以自己的故事來鼓勵他們，告訴他們，如果我可以為想要的未來努力，他們也可以。我生來就是難民，我們一家都是在一九四八年後被以色列驅逐家園的難民，來到加拿大，我的本質沒有改變，我還是相同的我。撕下難民的標籤，其實我和每一個人想追求的、所冀盼得到的都沒有不一樣——**一個能夠擁有基本人權，受到平等、自由、尊重的人生。**」

PART 5

高牆的另一邊

——以巴關係裡的以色列／猶太人

前以色列將軍之子的獨白

世界上每件事情都沒有絕對的黑與白，然而，在糾葛逾一甲子的巴勒斯坦與以色列的關係中，誰是恐怖分子、孰對孰錯存在於模糊地帶的狀況，似乎已經成為眾人不願意戳破的現實泡泡。

每個選擇來到這片土地上記錄「真相」的記者與捍衛人權的社會運動者，選邊站、非黑即白的價值觀塑造，自然而然變成另外一個在以色列和巴勒斯坦土地上才會見到的特殊現象。

這麼久以來，從走訪當地擔任駐點自由寫作者，到成為以以巴衝突做為學術研究的這條路上，最常被讀者問到的問題之一就是：「為什麼走這條路？為什麼選擇支持巴勒斯坦？為什麼身為和巴勒斯坦、以色列皆沒有直接外交關係的臺灣人，卻沒有選擇眾人認知中『中立』的角度？」這個疑惑正是首次聽見一位以色列前將軍之子——米科·貝雷得（Miko Peled）的故事時，浮現我腦海中的第一個問題。

「身為馬提·貝雷得（Matti Peled）的兒子，我可以說是看盡最黑與最白的一切。」為了回答我的提問，米科耐心地回溯起他的人生，說起那些讓他走上這條抗爭之路的開端與起因。米科的身世來由不凡，他的祖父亞伯拉罕·卡次尼森（Avraham Katznelson）簽訂了以色列建國時的獨立宣言，而他的父親馬提則是打過以色列獨立戰爭，長年擔任以色列軍隊最高官階的將軍之一。

「我從小被灌輸的觀念、想法和大部分以色列人一樣：猶太人的所作所為都是正確的，無論各種衝突，我們最終都會勝利，因為我們是正義與智慧的象徵。猶太人今日有絕對權利占領與殖民巴勒斯坦，因為我們是《舊約聖經》中『上帝的選民』，而巴勒斯坦則是上帝給猶太人的應許之地。」

馬提在早期的軍事生涯中是猶太復國錫安主義的支持者，也在以色列建國後各場對巴勒斯坦的戰爭裡扮演重要角色，於各地對巴勒斯坦人進行強力軍事鎮壓行動。而他在劃立現今以巴衝突最明顯國土分界與占領區域的一九六七年六日戰爭中，擔任以色列總參謀部成員，是以國出兵且贏得戰爭功不可沒的將領之一。

然而，馬提中晚年開始致力於倡議巴勒斯坦人的權利——在這塊土地上，巴勒斯坦人與猶太人擁有一樣的生存權利。他利用自身在軍事與行政權上的影響力，阻止多次以色列軍隊強占與拆除巴勒斯坦人房屋、土地的悲劇發生，也盡力幫助許多被行政拘提或無原因逮捕入獄的巴勒斯坦人。現在廣受國際政治討論的以巴衝突「兩國方案」立論基礎，也是出自馬提的建議。

兩國方案的可行性一直都是世界上許多強權領導者不斷爭辯的問題，許多人堅信在這塊土地上建立以色列、巴勒斯坦兩個國家將是這場戰爭唯一的出路。在馬提提出的以巴關係和平藍圖中，最初是希望能夠在以色列建國的基礎下，不再侵犯占領西岸與加薩走廊的土地，建立一個兩邊和平共處、實體平起平坐的巴勒斯坦自治國家。但實質上的現況，巴勒斯坦即使成立自治區，政府卻更加有名無實，土地更加四分五裂，人民生活更加困苦。

「你相信『兩國方案』嗎？」我向米科提問。米科回答道：「現在以色列政府或世界上各領導人們所談的『以巴兩國方案』已經絕對不會是以巴衝突的『解決方針』

了，嚴格來說，這算是一個『拖延戰術』吧！一個在真正解決方案出爐前的延宕策略。最初我們提出兩國方案，目的是為了能夠建立兩個和平共處、公平共存的政治實體國家，但今天的局面妳也親眼看到了，這是不可能的。」

他頓了頓，繼續解釋：「以色列自一九四八年建國至今，已經超過七十年了，而以色列的『建國基礎』始終就是為了打造『唯猶國家』——一個只有猶太人才有權利居住、生存的國家。這麼多年來，以色列政府對待巴勒斯坦人的態度和政策再再都顯示出他們不想要建立兩個公平共存的政治實體國家，也永遠不可能讓巴勒斯坦人和平地在這塊土地上共同生活。以色列的政治意識型態就是奠基於種族歧視和殖民主義上，他們實行的軍事鎮壓、多次發生的巴勒斯坦村莊屠殺都昭示天下，這塊土地，除了猶太人外，不會分享給任何人生存、居住。」

雖然訪問前，我心中早已對米科支持巴勒斯坦人權的立場有了個底，然而，親耳聽他述說這段話，仍然驚異萬分。畢竟他是一位土生土長的以色列人，是一位以色列前將軍之子。我不禁好奇地想知道，他如何定義自己的自我意識認同與歸屬感：「你認同自己是什麼人呢？」米科輕鬆地笑笑：「我定義自己是一個作家、一名人權運動分子，我生於耶路撒冷，一座被占領、應屬於巴勒斯坦的聖城。雖然國籍定義上我是以色列人，但更精確一點來說，我是一個在以色列錫安主義當權、壓迫殖民巴勒斯坦下苦苦掙扎抗爭的以色列人。」

我會心地回他一笑，理解對他的解釋般點點頭。這個世界上，我們常掙扎於「絕對的定義」，而似乎被「符號」箝制得太深，而這些意識形態與符號的箝制，正是世界上許多無法止息的戰爭濫觴。

「或許我和其他以色列人學到的最大不同點就是，巴勒斯坦人也擁有在巴勒斯坦生活及生存的權利。但小時候我很不諒解父親的這些和平主張和作為，因為我總是被同學、鄰居排擠，他們笑我是『阿拉伯人的馬屁精』。妳也知道，**在以色列是不容許有不同想法的——尤其是若你不把巴勒斯坦人或阿拉伯人視作敵人時**。不過，生活在父親的保護傘下，雖然我知道巴勒斯坦人有平等生存的權利，也不斷看見以色列政府的暴行，我年輕時其實對兩國的未來沒有太多使命感，那個年紀的我，大概只有顧好自己就好的想法，反正我握著以色列護照，享有國內外出入自由，看見與看不見巴勒斯坦人的苦，只是一種選擇。然而，這一切都在那場悲劇發生後徹底改變。」米科口中的「那場悲劇」，是發生在一九九七年耶路撒冷街頭的一起自殺炸彈攻擊。

一九九七年九月四日，已在幾年前移居到美國的米科，正悠然地在家看電視，跑馬燈出現一則即時新聞：聖城耶路撒冷遭恐怖攻擊。

耶路撒冷，這個對他生命占著非比尋常的重要關鍵字，使得他整個人從夏末微醺的昏昏欲睡裡醒了過來。他目不轉睛地注意新聞內容——「這起攻擊由巴勒斯坦激進政黨哈馬斯主導，三名自殺炸彈客在耶路撒冷的本耶胡達街上一座購物商場旁引爆炸彈」。

從小在這座世界三大宗教聖城長大的米科，腦海裡浮起許多片刻回憶。本耶胡達街是耶路撒冷市中心的重要幹道，與雅法路和喬治王街相接連，聚成一個三角商務中心，無論平日或假日，人潮總是絡繹不絕。米科記得自己曾穿梭在同一條街道上，笑聲與行人的身影交織出的回憶是如此五彩繽紛。然而，隨著畫面直播，電視方框裡他曾經熟悉的店家早已被塵灰掩埋，滿地的血跡、驚嚇的臉孔，一幕幕令人無法忽視那殘忍瞬間所帶來的苦痛效應，現場一片狼籍。

已知五名以色列人身亡，米科讀著新聞快訊，心中莫名燃起一股不安的感覺。幾個小時後，他的手機響起，一瞥螢幕是他住在耶路撒冷的姊姊努莉．貝雷得（Nurit Peled-Elhanan）打來的，他顫巍巍地接起電話，另一頭傳來姊姊的哭聲：「米科，絲瑪黛．埃爾赫南（Smadar Elhanan）死了，她被炸彈炸死了。」絲瑪黛是米科的外甥女，年僅十三歲。

米科緊急訂了一張從美國回以色列的機票，絲瑪黛身為以色列前將軍馬提的孫女，將會以國葬的方式舉行葬禮，全家皆得到齊列席。

「人往往在經歷巨大的悲劇後改變看事情的角度，我也不例外。」米科回憶起人生的轉捩點，他坦承，姊姊面對女兒被自殺炸彈攻擊身亡後的態度，是對自己價值觀撼動的最大因素：「姊姊和父親一樣，一直嘗試捍衛以色列國內巴勒斯坦人的權利。這場意外發生後，我原以為姊姊會轉變立場，但她沒有。印象最深刻的是有一次她告訴我，這場悲劇會發生不是因為巴勒斯坦人是恐怖分子來殺死她的孩子，而是過去這麼多年來他們困苦生活，在我們軍隊殺死無數他們的家人，對生命已找尋不到任何希望後的結果。這世界上沒有一個母親會希望另一個母親經歷失去孩子的這種悲痛，我們不該再用血債血償的藉口去毀掉更多巴勒斯坦人的家庭。」

他的語氣充滿堅定，「當時，我便下定決心要為改變巴勒斯坦的未來做努力，姊姊的信念喚醒我內心一直以來知道、看到卻選擇忽略的真相——以色列對於巴勒斯坦人的不人道對待。也讓我知道，我不能再這樣繼續住在以色列政府為我們打造出的幻想泡泡中。我看清了這場戰爭是不公平的，若兩邊所處的出發點從來就不是平行且公正，我們該怎麼談建國、談和平？」

絲瑪黛的葬禮上，米科姊姊的童年朋友、前以色列總理納坦雅胡出席致意。納坦雅胡一直以來都是以色列境內極右派的代表，同時更是錫安主義的擁護者，錫安主義最大的特色便是他們主張在「應許之地」巴勒斯坦上建立一個只有猶太人的國家。

那時，米科大膽上前質問納坦雅胡：「我們什麼時候才會認清，這些炸彈攻擊不是巴勒斯坦人挑起以巴仇恨的原因，而是以色列長期非法殖民占領他們的土地，他們不得不選擇的反抗？如果我們停止這些殖民占領的軍事行動，兩邊的死傷悲劇根本就不會再這樣重複發生。」但他沒有回應。

這場悲劇後，米科開始研讀史料，豐富自己對以巴衝突的歷史知識，他積極投入以色列的各種左派運動，加入倡議巴勒斯坦人權的工作。他開始親自走訪巴勒斯坦自治政府管轄的西岸城市，和巴勒斯坦人互動、聊天。而在一趟加薩「隧道之旅」後，更讓他確信自己走上的這條路即使艱困萬分，也會努力堅持下去。

米科一直很想到加薩走廊探勘當地居民的情形，但以軍軍方知悉他的背景和支持巴勒斯坦的立場，從來不發給他可以自以色列關口入境加薩的許可證；而埃及控制的拉法關口則沒有任何時程表或道理可循，沒有人知道何時開關、誰會被放行。因此，米科鋌而走險，決定自與埃及西奈半島打通的地底祕密隧道進入加薩。

「加薩和我住的耶路撒冷相距七十公里，如果有條直達道路，不過是一小時的車程，但因為以色列的軍事占領和邊境控制，我總共花了十四小時才真正進入加薩走廊。」米科感嘆道：「加薩人的故事裡，我看見、聽見什麼是絕望的極致，被封鎖的加薩走廊，生活條件已經極致艱困到像一個關了二百萬人的集中營，這場戰爭真的太不公平了。**但在加薩，最讓我感動的也是這群人對生命的渴望，他們在夾縫中生存著，但努力地微笑，用最有創意的方式面對生活中各種不方便。**」

訪問至此，我不禁想問出一直堵在心頭的問題：「選擇為巴勒斯坦人發聲後，你的親朋好友怎麼看待這個轉變呢？」他說：「大部分的以色列朋友都在我的轉變後離開了，畢竟我一開始就說過，在以色列，你不被允許擁有除了挺猶太人以外的想法。」

米科頓了頓，即使短暫，那個停頓的瞬間仍舊透出某種他內心掙扎的痕跡：「但世界上有許多事情是我們不該妥協的，例如捍衛巴勒斯坦人的人權。這不僅是選邊站的問題，支持巴勒斯坦，代表的是我願意支持公平正義的存在，我願意為人生而平等的權利奮鬥，同時也代表著我不願意向種族歧視主義低頭，這些都是我絕對不願意因為以色列朋友們的不認同就會放棄堅持的信念。況且，在這之後，我擁有一群朋友，和我擁有共同理念的一群新朋友！」

米科的情緒愈說愈激動：「妳問的這個問題，事實上帶出另一個最令我最掙扎的現實——這條路上困難的不是找到志同道合的人，最難的是怎麼樣敲醒那些『沉睡的人』。世界上的強權國家、媒體，甚至大部分的人，對巴勒斯坦人怎麼被屠殺、怎麼被剝奪水資源和基本人權，活在怎樣的痛苦掙扎下，都是無知或漠視的。坐在自己的安全島內，只關心享樂，但與此同時，正有無數巴勒斯坦人因著以色列的殖民占領而無法回家、失去性命或自由；超過千名巴勒斯坦人仍無辜被捕入獄，超過二百萬加薩人沒水沒電，甚至無法取得妥善的醫療照護和充足的食物。妳知道嗎？我在加薩走廊看見生病的兒童，因為被限制出境，沒有適時得到醫療救助而死亡，但幾公里外、牆的另一邊，那些猶太屯墾區的居民們正享受著源源不盡的水電、食物和醫療資源。在以色列的種族歧視氛圍下，這個『叫人起床』的工作簡直難如登天。這個世界的運作像進入冬眠、沉睡一般，即使看見以色列在加薩上空投炸彈，殺死上千平民百姓還不允許醫護人員進入，也還是醒不來。」

我問：「身為局外人，我們到底還可以怎麼幫助巴勒斯坦人呢？」並向米科解釋道：「書寫以巴衝突的故事和與許多讀者接觸的過程中，我常被問到這個問題。我也能夠理解許多讀者們的無力感，事實上，有時人們選擇對世界上發生的戰爭冷漠、坐視不管，不是不願意關心或付出，而是找不到該如何實踐行動的方向和方法。臺灣離巴勒斯坦很遙遠，大部分的人覺得遠水救不了近火，往往只能在看完故事後哀傷地關掉視窗。」

米科會意地點點頭，「我有一個最簡單、有效的方式推薦給臺灣的朋友們，每個人都可以參與：加入抵制以色列非法軍事行動的『ＢＤＳ運動』（抵制、撤資、制裁，Boycott, Divestment and Sanctions Movement）。這個行動簡單來說就是呼籲大家能夠抵制有金援或支持以色列不法軍事行動的猶太公司產品，有時我們以為要為結束戰爭做點什麼，必須有強大的政治權利或金錢，然而，在支持巴勒斯坦上，可以從最簡單的抵制不法商品來源開始。若愈來愈多人加入響應，更多公司就會有意識地覺醒，不該再投資這些猶太公司，也漸漸會影響世界上更多政治方向。」

經濟與政治密不可分，掌握經濟命脈者便有可以左右政治的能力，這個道理在二○一六年的美國總統大選中被印證。而ＢＤＳ運動提倡多年來，在西方許多國家都略有成效，雖然仍舊常受到其國內猶太遊說團體的政治壓力打壓而中斷，但此運動發揮的影響力已經讓許多國家的領導者不敢小覷草根民眾的團結力量。

「巴勒斯坦人在巴勒斯坦能夠重獲自由前不會放棄抵抗，也不會放棄希望。這是歷史不變的真理吧！當人還沒有獲得自由前，我們都得學會不斷抵抗。」米科淡淡地笑著，這麼結語。這句話似乎也在應證、總結著這麼多年後，他走上這條路一切複雜的心路歷程轉變，和他未來仍會不間斷地挑戰與奮鬥。

從猶太屯墾區殖民者成為挺巴的人權運動者
——專訪紀錄片《路邊》導演立雅

「五月十四日，以色列建國『獨立日』，大街小巷充滿歡慶的以色列民眾，漆黑的夜晚被滿空齊發綻放的煙火點亮。一名以色列人權運動者布朗斯坦（Bronstein）手上拿著一疊傳單，傳單上印著一名手持通往他昔日住家「鑰匙」的阿拉伯人——這是一張別具意義的圖畫，那把鑰匙代表著巴勒斯坦人在一九四八年五月十五日『浩劫日』後被驅逐家園、流亡外地多年後，世世代代仍不放棄返家的希望。正歡慶國慶的以色列人看到那張傳單不免有冷不防被人暗箭攻擊的感覺，其中一名以色列婦女開始對布朗斯坦叫罵，最後甚至毫不遮掩地嚷著：『我就是有種族歧視，你奈我何？有你這樣（聲援巴勒斯坦）的以色列人活著，簡直可恥。』」

這段影片出自以色列導演——立雅．塔拉徹斯基（Lia Tarachunsky）的紀錄片《路邊》（On the Side of the Road）的片頭，這是以色列國內首部講述一九四八年巴勒斯坦「浩劫」歷史事件的紀錄片，除了影片的題材本身創下以色列影史紀錄外，拍攝此片的導演兼記者立雅自幼在猶太屯墾區長大，選擇以非「以色列英雄建國事蹟」的角度，更使這部影片別具意義。

「我不認為以色列是個有種族歧視的國家，」立雅現於加拿大攻讀博士學位，我們相約於麥克馬斯特大學（McMaster University）的咖啡廳見面訪談，甫坐定，她便開門見山對我說這句話，當然立刻引起我的注意，正想開口提問時，她伸出手示意要我先別打岔，接著說：「如果要討論一個國家有沒有種族歧視，條件上至少先有兩個『對等』的『種族』，必須先承認對方和你一樣是『人』；但不幸的，依據目前以色列政府對待巴勒斯坦的政策和態度，以色列不把巴勒斯坦當作平等的『人』對待。」

立雅的家庭是出生在烏克蘭首都基輔的猶太人，母親在車諾比、蘇聯解體事件相繼發生後，帶著她與姊姊趁著全球大批猶太返鄉潮，回到以色列定居。以色列政府在一九七〇年代通過「回歸法」，大幅放寬定義「猶太人」的標準之外，也允諾回來定居的猶太移民許多優待政策。英國的猶太社群與猶太會堂就時常見到廣告，主打著以色列政府將給予免費機票、稅收減免、房屋土地優惠、落地後二十四小時內拿到公民身分等條件，吸引旅居各地的猶太人大量回到以色列居住。

「回鄉」以色列後，立雅一家人居住在巴勒斯坦西岸的猶太屯墾區阿里埃勒（Ariel settlement）。以色列猶太屯墾區，顧名思義便是專門搭建給以色列籍猶太人居住的社區。以色列政府在一九六七年六日戰爭獲勝後，在其占領的巴勒斯坦土地——包括西岸自治區、東耶路撒冷和戈蘭高地，開始大量興建猶太屯墾區。目的是為了使在以色列、巴勒斯坦地區居住的猶太人口數能呈正成長，並在未來超過巴勒斯坦人口數，因此，以色列政府一直公開歡迎全球猶太移民回巢定居以色列。

以色列在戰後非法占領的土地不被國際社會承認，恣意在巴勒斯坦自治區土地上興建的屯墾區亦違反國際法，且手法暴戾，往往先無預警到欲建之地向原居住此地的巴勒斯坦人「徵收」土地，表面上為徵收，實質是不顧巴勒斯坦人的反對下執意進行擴建。加上以色列政府從未有相關配套安置因建設而無家可歸的巴勒斯坦人，總是在軍隊護持下強行入村，以怪手、挖土機將巴勒斯坦人的村舍瞬間夷為平地，驅逐出這個區域。

除了暴力驅離巴勒斯坦人外，屯墾區蓋在巴勒斯坦西岸自治區的土地，常比鄰其他巴勒斯坦村落，通常為了提供以色列屯墾居民較好的生活環境，而壟斷乾淨的水源、丟棄廢棄物至鄰近的巴勒斯坦村落。為保障屯墾居民的安全，附近不只有以色列軍隊駐守，甚至興建專門給屯墾區居民開車專用的道路。巴勒斯坦車牌的車輛若開上此路，會受到逮捕或攻擊；鄰近的巴勒斯坦村落原本相連的道路也常常被突然設置的檢查哨、路障區隔起來，短短幾公里的路對巴勒斯坦人來說變得遙遠又危險，名符其實的實行二十一世紀「種族隔離政策」。

除了軍隊隨侍外，另一個猶太屯墾區與屯墾居民讓巴勒斯坦人畏懼三分的原因，在於屯墾居民家家戶戶可以隨身配槍。過去許多案例中，槍殺或傷害巴勒斯坦人的屯墾居民往往擁有以色列政府的「赦免除罪權」，而能夠免於被判刑或對巴勒斯坦人的傷害負責任。

屯墾居民騷擾巴勒斯坦原住民最著名的例子之一便在希伯崙地區，這裡的屯墾居民經常肆意向巴勒斯坦住家潑灑尿糞、投擲石塊，使得原本熱鬧繁榮的希伯崙舊城區因此沒落，這些傷害巴勒斯坦原住民的屯墾居民卻完全不受任何法律限制或制裁。二〇一五年，曾有一位屯墾居民向巴勒斯坦民宅投擲燃燒彈，造成一名年僅五歲的小男孩全身百分之六十的肌膚嚴重燒傷，而他的父母及十八個月大的弟弟都命喪火海，縱火、背負三條人命殺人罪的屯墾居民在羈押了兩年後即獲釋回家。

反觀二〇一五年以色列議會通過的最新法案，若一個巴勒斯坦人，無論成年與否，向以色列人投擲石塊，則可以被判處最低三年的徒刑。

從小生長、居住在猶太屯墾區的立雅表示自己雖然比鄰巴勒斯坦村落，從小到大卻沒有與任何一個巴勒斯坦人有交集或溝通往來，「從小我們就被灌輸巴勒斯坦人很危險，不能有交集的概念，即使在我住的屯墾區附近有好幾個巴勒斯坦村莊，但我從來就沒有和任何巴勒斯坦人說過話。」

直到立雅高中畢業，來到加拿大念大學時，才在活動中第一次與巴勒斯坦人面對面交談，「在活動裡，我和身旁的一個學生相談甚歡，我覺得我們可以成為繼續保持聯絡的朋友，於是我問他從哪裡來？他告訴我，他來自巴勒斯坦。」

偶然一次與巴勒斯坦人的交集讓立雅發現，巴勒斯坦人不像自己從小相信的那樣

「恐怖」。她開始對自己過去相信的「事實」保持存疑的態度，大量閱讀相關的書籍、文獻，從此打開了她的以色列「尋根之旅」。

讀得愈多，她才理解到過去所認知的世界是建構在被局限、操控的意識形態下。因此，她決定要製作一部關於一九四八年巴勒斯坦浩劫日、以色列建國日的紀錄片。她解釋：「無論你和巴勒斯坦或以色列人討論以巴問題的糾葛，到頭來，所有問題都必須訴諸核心，回到一九四八年的歷史。」

談到紀錄片的發想、製作與攝影過程，我開宗明義地詢問：「妳在準備與錄製這部影片時，在以色列有沒有遭遇過什麼困難？例如，出入巴勒斯坦西岸時被士兵盤查、被政府階層關切，或在入境回國時被刁難？」

立雅嘆口氣答道：「妳說的這些『困難』，因為我的護照和身分（以色列猶太人），倒是沒有怎麼遇到，但對我來說，整個製作影片過程中最困難的不是出入巴勒斯坦與以色列之間，而是每次我去到巴勒斯坦採訪、錄影，直到影片完成後，身邊的以色列人都沒有問我到底在做什麼或發生什麼事，簡單來說，有些避而不談，有些漠不關心，更不想了解或知道翻過那道隔離牆的另一頭的人們是什麼樣子。」以色列人的冷漠成為立雅製作、推展影片之路上最大的阻撓。

在紀錄片中，除了透過她的運鏡與視角來說故事外，還歷盡千辛萬苦採訪多位曾參與一九四八年戰爭的以色列退休將領，然而大多數人知道她的採訪動機後皆斷然拒絕。

唯有兩位在立雅百折不撓地多次登門說服下接受訪問，由漠然到潸然，他們與立雅一起造訪當初被夷平的巴勒斯坦村莊房舍舊址，憶起當初如何執行「浩劫」時長官所下的命令：包括屠殺巴勒斯坦平民，將他們集體驅離家園等。

這些舊址有的已成為以色列居民的住處，有的只不過成為一畝「以色列大馬路邊的空地」——這也是紀錄片片名的由來。

聽完立雅拍攝紀錄片所遭遇的困境後，我接著問：「在妳開始投身捍衛巴勒斯坦人權，以及製作這部影片，說出以色列人避而不談的這些歷史後，妳的家人和朋友有什麼反應嗎？」

立雅的眼神有些黯淡，但面無表情地答道：「起初當然都是大為震驚，也不太能接受。大部分的人覺得我是被巴勒斯坦人洗腦了，也有人傳聞說一定是因為我沒有服以色列的義務全民兵役，才『背叛自己的國家』。」

在以色列，全民皆兵。無論男女，十八歲時皆需入伍服役，男性需服三年兵役，而女性大多是一年半，除了有醫師診斷具生理或心理困難、已婚有小孩的婦女，與正統派猶太教徒的以色列人外，若身心健康而抗拒服役者會被以色列軍隊逮捕入獄。

看著立雅沒落的神情，我轉而回到詢問關於影片核心價值的問題上，「製作影片時，心中有預設的閱聽眾嗎？」

立雅回答：「這個問題說來有趣，我一開始發想這個影片計畫時，其實不是為了巴勒斯坦人或其他不懂以巴問題的外國人，這部關於『巴勒斯坦浩劫』的紀錄片實際上是為了以色列人而生的。」

「怎麼說是為了以色列人而生的呢？」我追問。

「我想以巴衝突無法化解，讓人無助地認為和平沒有未來的因素之一，和以色列人普遍的『心理特質』有關。沒錯，一九四八年對我們來說是很重要的一年，但那是從以色列的角度去看。」

我立刻明白立雅的意思，一九四八年第一次中東戰爭，爆發點是在託管巴勒斯坦的英國與列強協議後，大量猶太移民回到以色列，早已使得當地巴、以居民衝突紛傳、加劇，周遭阿拉伯國家不滿以色列「空降」，聯軍出兵攻打，以色列以一敵眾，自然會先以「受害者」的角度自居，加上兩次世界大戰中，歐洲各國經歷了多年反猶浪潮、納粹大屠殺的歷史，許多猶太人內心存在著極大恐懼：若不在此建國，我們將永遠在這個世界上沒有一個立足之處。

「對以色列人來說，『浩劫』不存在。存在的是那場戰爭，以色列打贏了，這塊地屬於我們，至於原本居住在這裡的巴勒斯坦人怎麼了，我們不想記得，政府也不想讓人民相信，甚至是知道那場『浩劫』的事實，以色列政府一直以來都想埋沒這段史實，最好的證明就是通過的『浩劫法案』（Nakba Law）。」

根據以色列議會在二〇一一年三月通過的浩劫法案，任何居住在以色列的人或機構，若不承認以色列為「民主的猶太國家」，或者在以色列的「國慶日」時哀悼「浩劫日」，則視為違法。

此一法案限制言論自由，使以色列的運行方式實質上與「民主」一詞大相逕庭，也試圖抹殺任何以色列人可能接觸或了解一九四八年真相的機會，更大大地影響浩劫日後留下且仍住在以色列境內的巴勒斯坦人的身分認同。

「如果以色列完完全全不承認『浩劫』的存在，不承認自己的國家曾對另一個國家的民族做出的屠殺和迫害，我不認為我們有資格去談下一步的『和平進程』可能性。我拍攝紀錄片不是在『為巴勒斯坦發聲或說故事』，而是在『找尋與揭露事實』，且試圖讓以色列閱聽眾有機會從『以色列的角度』來看一九四八年發生過的這段歷史。因此，告訴以色列人發生在巴勒斯坦的故事，實際上是開始讓以色列人了解自己國家真正的過去。當年發生的不僅是一連串的歷史事件，也象徵著整個以色列人的意識與思想形態。」

立雅言下之意，以色列與巴勒斯坦的歷史已經牢牢綁在一起，實際上，避而不談哪一方的視角，都純粹是一種政治意識形態的操縱。

一連串訪談下來，我可以感受到立雅這幾年來所做的一切，不僅需要很大的勇氣，也必然是個痛苦的過程。我問道：「拍攝或閱讀史料的過程中，妳曾產生自我認同的危機嗎？」從一個深信巴勒斯坦人是無惡不作一方的屯墾區居民，到成為聲援巴勒斯坦人權的以色列導演，中間的轉折與掙扎一定不是言語可以道盡。

「當然。很多次有自我認同的掙扎，畢竟，要接受自己的國家曾犯下這麼可怕的種族淨空罪狀，沒有這麼容易。」立雅果斷回答。

接著，她娓娓總結自己仍舊能夠繼續堅持下去的動力：「很多以色列人不能理解我的選擇，但就像前面說的，我做的這些，我的動機與動力，不是只為了巴勒斯坦人的生存權力，更重要的，是我愛我的國家，我愛以色列。唯有能夠正視自己的過去，接納與接受過去和現在以色列犯下的錯誤，我們才有辦法以一個國家的姿態繼續正面地發展未來。」

前錫安主義者成為巴勒斯坦人權運動先鋒的旅程

「我這輩子活到現在六十五歲了，前四十八年的我都是個徹頭徹尾的『錫安主義者』。」一頭銀白色短髮的珊卓（Sandra），一見面就給我一個溫暖的燦爛笑容，一面詢問家人是否都安好，一面稱讚我的氣色真好，即使在那些笑容間，我隱隱見到她眼神中的哀傷與疲憊——這場與珊卓的訪談幾度推遲，她的長女不幸在二〇二〇年因癌症過世，留下年僅三歲的女兒，白髮人送黑髮人。珊卓在喪女之痛之餘，仍不得不打起精神照顧孫女，整個人瘦了一大圈。

「我是個虔誠的猶太信徒，一直深信每件事情都有背後發生的原因。我想，上帝在我四十八歲那年對我顯現祂的神蹟，為我指點一條路。」緩緩的，我們邁入訪談主題，珊卓向我道出從出生到現在的故事。

「我出生於一九五六年，僅在納粹屠殺猶太人那段歷史的幾年後，點出這個時間點，是因為這段納粹歷史對所有猶太人來說，都是永遠的痛和轉捩點，這件事塑造我們的民族性與看世界的觀點。世界大戰結束後，以色列建國，以色列這個名詞被全球各地的猶太人視為世界上唯一一個能安全讓我們定居的地方。」

珊卓解釋，雖然自己的家人不是太政治狂熱的一群人，但由於反猶太主義在歐洲造成的傷害無法自猶太人心中抹滅，且二戰時，珊卓的叔叔也是軍人，卻在戰場上因為猶太人的身分遭到醫護人員歧視並拒絕治療，她的家人對自己民族的存亡危機感強烈，也對錫安主義（Zionism）與以色列建立唯猶國家之必要性深信不疑。

但錫安主義最令人擔憂的部分在於，他們的追隨者認為只有建立一個「唯猶國家」才能解決猶太人被欺壓、流浪的命運。其中，錫安主義倡議之父西奧多．赫茨爾（Theodor Herzl）在《猶太國》（*Der Judenstaat*）中，指出世界上的猶太問題在於沒有一個獨立的「猶太國家」。

以色列建國之後，世界錫安主義大會便在一九五一年通過「耶路撒冷計畫」（Jerusalem Program），其中有大會中提出的三個要點，成為今日以巴問題中不可收拾、不可解決困境的原因，包括耶路撒冷為以色列唯一的首都；鼓勵全世界有猶太信仰的猶太教徒移民回以色列，建立一個猶太和錫安主義的民主國家；捍衛猶太民族與錫安主義的利益，若違此利益，應為了抵抗反猶太主義之活動而戰鬥，甚至不惜犧牲性命。原本的猶太人應僅是指信仰猶太宗教的人，卻因為宗教的民族化，而後國家化，最終錫安主義化，導致猶太人、以色列人與錫安主義者無法清楚分割。他們之間有互相重疊之處，然而更多的是被世界掌權的政經核心人物的操作與利用。

「我從小對錫安主義深信不疑，一直被灌輸一個觀念——有一天，猶太人都要『回家』，回去以色列。」珊卓描述，她成長在加拿大東岸的小鎮，鎮上的圈子很小，僅有一個猶太教堂（Synagogue），她和其他約一百個猶太家庭就這樣緊密地聯繫著一起長大。和鎮上其他孩子們一樣，珊卓與其他四個兄弟姊妹從小每年到「錫安主義夏令營」報到。這個夏令營裡，領隊們專門教導參與的孩子們關於以色列的大小事，孩子十六歲時，能夠轉而參與領袖訓練課程；十七歲時，能夠免費包食宿、機票到以色列整個夏天，體驗當地生活，為未來的「返鄉移民」做準備。

「現在回想，我在那個夏令營裡根本什麼都沒學到，甚至不知道巴勒斯坦是什麼！」珊卓爽朗地笑說年輕時的無知憨傻。珊卓在夏令營總是表現出色，十三歲就開始擔任營隊小組長帶領年輕孩子。然而，她成年時，還沒能親自造訪以色列之前，便與當時的初戀情人結婚了，使她這份回家的夢想不得不為了能先成家立業而暫緩推遲，而這一延遲就過了數十年。一直到二〇〇四年，當時四十八歲的珊卓已離婚，她的工作上恰好准許員工能夠請一年的「學術休假」（Sabbatical），她便心想，自己過去為了家庭一直沒有實踐造訪以色列的願望，這一年的有薪假正好是完成夢想的最佳時機。

珊卓抵達耶路撒冷，第一步先造訪當時早已移民以色列、成為拉比（Rabbi，猶太教師）的弟妹。珊卓回憶起與他們共進安息日晚餐：「我記得他們開始講起『巴勒斯坦人』和『阿拉伯人』，語氣是多麼不屑，使我非常驚訝。雖然我當時還是個無知的人，但至少知道人人皆平等的道理，我一直無法忍受任何人對其他人抱持偏見或歧視的態度。」珊卓便決定提早結束晚餐，告知家人明天打算去耶路撒冷舊城參觀與造訪西牆（Western Wall，又稱哭牆）朝聖的計畫。

「他們一聽，一個個開始警告我小心，千萬不要到任何『阿拉伯人社群』，也別和任何阿拉伯人說話，這樣會讓我惹來殺身之禍。但妳也猜到了，我沒聽他們的話，一早，我便搭一個阿拉伯計程車司機的車入城。」珊卓結束在西牆的禮拜後，沒有方向感的她迷路了，一轉身發現自己正身處阿拉伯／穆斯林區（Arab/Muslim Quarter）。她沒有想太多，就這樣開心地轉悠，碰上一位同是來旅行的德國旅人。兩人一同遊訪舊城、談笑風生，最後，珊卓跟著德國旅人回到他在舊城旁的旅館度過一夜。

隔日清晨，在舊城旁旅館內起床的珊卓，坐到窗邊。「我還有些宿醉、暈暈然，一手擒著香菸，一手拿著即溶咖啡，坐著向外看去：我看見一堵牆……看見這堵牆將我眼前的世界一分為二。心中有種悶悶的感覺，我說不出那是為什麼。接著，我看見那道高高的水泥牆有個小缺口，足夠一個人鑽過去的寬度。牆的縫隙有一個戴著頭巾的阿拉伯女人，她一手握著好幾大袋的生活用品與食物，另一隻手牽著她的孩子們，一個個努力、艱辛地從缺口跨過那道牆。我看著他們，眼淚不知不覺地流了滿面，我不知道為什麼，當下我像是遭到重重一擊。我來耶路撒冷之前，壓根不知道巴勒斯坦人的處境是什麼，我記得查資料的過程中，看到一個網站寫著：『錫安主義是種族歧視主義』（Zionism is Racism），我心想這簡直胡扯。當然，我以前也聽過有人稱以色列『殖民占領』，但我一直無法理解那是什麼意思，我一直以為這些都是被創造出來、刻意要攻擊猶太人的假消息。可是在那一刻，我看著那堵牆和試著穿過牆到另一邊的人們，似乎理解了什麼，有些以前覺得不合理的事情，瞬間都開始變得有意義了。」

這段記憶好像在珊卓腦中被牢牢刻下，那個早晨的每個小細節，每個時分瞬間，她都描述地仔仔細細，旅館、窗邊、穿牆的巴勒斯坦女人畫面生動地浮現在我眼前。

珊卓形容那天的經歷像是一個「覺醒」，在那之後，她申請到海法的一處女權機構做志工，海法雖然是以色列城市，卻有廣大的巴勒斯坦人口（以色列人稱這群人為以色列阿拉伯人，這些人中有絕大多數認同自己仍是巴勒斯坦人），使得這個城市是少數以色列國內兩邊民眾能和平相處的地方。珊卓做志工服務的女權機構主張LGBTQ*平權與性平權，也堅持在他們主辦的每一個團體活動中都一定要同時有以色列猶太人與以色列籍巴勒斯坦人出席代表。透過與這個組織一起工作的經驗，珊卓開始大量接觸書寫巴勒斯坦人在以色列建國後歷史的書籍和史料，也與機構每週一起上街遊行抗議以色列政府對待巴勒斯坦人不人道的暴行。

「我心中充滿憤怒，學的愈多就愈憤怒，我怎麼能四十八年都是活在一段謊言當中呢？回憶起從小在夏令營裡帶領那麼多年輕孩子，說服他們和我一起深信以色列是我們的家，離開夏令營後，我還每年參加加拿大猶太國家基金會（Jewish National Fund of Canada，JNF，專門籌募資金給以色列軍援、金援的組織），為他們表演、籌募資金送到以色列，完全不知道這些錢都是當成支持以色列軍隊壓迫、殖民巴勒斯坦人的經費。我們從小被教導著以色列不是其他人的，是上帝應許我們這群沒有家的猶太人的土地（a land without people and a people without a land）†。但這根本不是真的，以色列建國之前，巴勒斯坦人幾百年來世世代代都已經在這裡生根。」

---

* LGBTQ是女同性戀者（Lesbian）、男同性戀者（Gay）、雙性戀者（Bisexual）、跨性別者（Transgender）和對其性別認同感到疑惑的人（Questioning）或酷兒（Queer）的英文首字母縮寫。

† 這句話的出處具有爭議，文獻中有不同的說法指稱出處，但卻是擁戴錫安主義者們非常著名的一句話。

除了週間在海法做志工，珊卓也在週日時和另一個以色列檢查哨監督團體（Machsom Watch）一起工作。這是一個由以色列猶太女人組織的非政府團體，專門到被以色列軍隊殖民的各巴勒斯坦西岸城市的檢查哨上協助巴勒斯坦人安全通過檢查哨、避免任何被以色列軍人錯殺的悲劇。以色列軍隊搭建的檢查哨總有持槍武力的軍人駐守，只要稍微有一點動靜或對通關的巴勒斯坦人有疑慮，士兵可以隨時開槍射殺巴勒斯坦人。珊卓的班表是星期日早晨，她先幫忙巴勒斯坦小朋友通過檢查哨去上學，接著協助要去工作的巴勒斯坦男人、女人安全通關。

二〇〇四年，旅程結束後，珊卓返回加拿大時，在離境以色列機場時，遭到以色列海關攔下，她參與支持巴勒斯坦人權運動的消息顯然已經觸動以色列政府的雷達，他們將珊卓扣押好幾個小時，訊問和檢查私人物品，最後終於在航班延遲好幾個小時後才放行。這個經歷讓珊卓決定要申請以色列國籍，她知道自己已經是黑名單，下次若再以加拿大公民的身分入境以色列，肯定會遭到刁難，甚至遣返。她笑說：「我在巴勒斯坦的事情還沒做完呢，至少成為以色列人，政府就算不滿我的行為，也不能把我『遣送出境』啦！」

根據以色列在一九五〇年啟用的《回歸法》，所有海外的猶太人都可以回歸以色列，無論這些猶太人是透過血統（母親為猶太人），或者是經過皈依猶太教的人，一律能獲得以色列國籍的資格。七〇年代後，《回歸法》更放寬入籍資格，包括猶太人的家人和直系後裔，例如子女和孫子女、其配偶與未成年子女，即使並非猶太宗教，仍可以自由選擇來到以色列成為國民。這樣的結果造成以色列人，尤其是透過《回歸法》回到以色列擁有雙重國籍的人們，通常是錫安主義的堅定擁護者；而全球有猶太信仰的人則不一定是以色列人，更不代表他們贊成錫安主義。例如，許多在以色列境內、擁有國籍護照的以色列人，沒有虔誠的猶太信仰；而許多在以色列境外的外國籍猶太教徒，則堅決反對錫安主義。珊卓解釋，以色列政府為了鼓勵更多海外猶太人移居回以色列，還提供免稅、免費醫療照護保險，以及一個月五百美元的一年零用錢優惠措施。

二〇〇五年，珊卓以以色列國民的身分再次入境到巴勒斯坦，她這次待了十一個月，多數時間都和巴勒斯坦人住在一起，或者和其他支持巴勒斯坦平權自主的以色列猶太人們一起擔任志工。這一年內，珊卓親眼目睹多起以色列軍隊暴力對待巴勒斯坦平民的過程，她深信自己的選擇是正確的，也更堅信餘生將奉獻在為巴勒斯坦人爭取獨立自主、平等平權的這條路上。

她憤憤不平地表示：「很多猶太人沒有理解到，我們對於以色列政府的不人道行為噤聲，最終只會助長全球的反猶現象。以色列不能代表猶太宗教和所有的猶太人，但現在以色列政府的做法就是要讓每個人相信，如果你不支持以色列，就是反猶太主義分子！這是錯的，猶太人更必須站出來反對以色列政府。」

珊卓二度離開巴勒斯坦回到加拿大後，持續投入當地組織自海外聲援巴勒斯坦的活動。其中最著名的莫過於由土耳其與歐洲、北美各國的非營利組織團體聯手進行發起的「自由加薩船隊」計畫。這項和平社會運動計畫會定期發起募款活動，待募得足夠資金後，好幾艘聚集了各國社運人士的小船隊，便會載著民生必需品與醫療用品，一起由歐洲地中海國家的港口駛離，航向被以色列政府封鎖邊境的加薩走廊。

根據《奧斯陸協議》，加薩的漁船可以開至距岸邊約二十海哩處捕魚。然而，今日由於以色列海上軍隊武裝駐守的影響，加薩漁船只能在距離岸邊不到六海哩，有時甚至只有三海哩的範圍內捕魚。同樣的，在軍事占領下，更沒有任何非以色列的船隻能夠靠近加薩。「自由加薩船隊」計畫便是企圖帶著國際志工通過這樣的非法限制，向以色列政府抗議。

珊卓在二〇一一年成為這項計畫的代表人之一，她負責協助加拿大國內的募款，找到願意開船的船長，找齊四十五名志工登板，聘請願意為他們辯護的國際法律師，甚至在買賣合約上，船的署名也是登記在她的名下。她在同年三月飛到希臘，與其他志工準備出發航向加薩。當時的希臘政府在以色列政府出面聲壓後，將他們要出發的港口封鎖，並逮捕珊卓——畢竟要一次逮捕所有各國國籍志工對希臘政府是件不方便的事情，不如只扣留船所屬人珊卓和另外兩名負責人。律師與希臘政府談判後，三人各被判緩刑（Suspended sentence）三十日，遣返回各自的國家。

被遣返回到加拿大後，珊卓深知若再入境以色列，極大可能會被逮捕判刑，將沒有機會再踏入巴勒斯坦，不過這沒有動搖她要為巴勒斯坦爭取人權、平等的決心，一直到今日，她仍定期為巴勒斯坦需要經濟援助的學生、病患們募款，在各個聲援巴勒斯坦的活動中也不缺席。

「我對自己成為一位『反錫安主義者』直言不諱，我知道很多猶太人無法理解我的行為，認為我背叛了國家，但這麼多年後，我終於明白反猶太主義和反錫安主義是兩個截然不同的事情，錫安主義綁架我的猶太信仰，這是一個政治意識形態，是一種政治手段操作的結果。」

珊卓談起因支持巴勒斯坦人權與家人產生摩擦而疏遠，神情仍有些落寞。她表示兄弟姊妹和從小一起長大的朋友們，有幾個已經好久不願意與她聯繫，甚至不是她的FB好友，連她的媽媽在事過多年後才願意重新接納珊卓，「原諒」她犯的「錯誤」。

珊卓嘆口氣，說起整個下午與我回顧一生後的結語：「過去幾百年來，猶太人遭到屠殺和反猶的這些歷史，讓我們每個人都太害怕了，這些恐懼驅使他們無法真實地看清楚事實的對錯，而許多和我家人一樣從小在錫安主義猶太教會中長大的人，都深信以色列是上帝給猶太人的『應許之地』這樣的迷思，他們不承認巴勒斯坦人的存在，認為他們是另一群想將猶太人趕盡殺絕的阿拉伯人，我曾經也這樣相信，一直到四十八歲那年的『覺醒』。我在以色列時，人們會教我如何辨識巴勒斯坦村莊的痕跡——那些在一九四八年以色列建國時被屠殺、驅離家園的巴勒斯坦人的家。我親眼看到時就想，這怎麼會是對的呢？巴勒斯坦人是這片土地上的原住民，我們怎麼能就這樣偷走別人的家呢？大部分在以色列長大的人一輩子都不可能學到或聽到關於一九四八年浩劫日的歷史，以色列政府並不想要我們知道這段歷史，但猶太人必須改變這樣的情況，而非將自己的民族恐懼加諸在另一個民族的滅絕史上。」

PART 6

政治下的眼淚

誰是恐怖分子？

——論在西方主流媒體中長期消失的巴勒斯坦

「如果哈馬斯不攻擊以色列，以色列就不需要自衛還擊啊！」「哈馬斯才是殺死加薩兒童和平民的真凶，他們是恐怖組織，用人民做肉彈，不能怪以色列空襲炸死六十五個兒童。」「如果不譴責哈馬斯，你就是『反猶太主義』的支持者。」這是許多記者與學術工作者研究和報導以巴關係時常見的質詢與問題。

以色列與巴勒斯坦一向被媒體與學術界視為最難報導與撰寫的議題之一，不僅關乎土地、民族自決與國家主權，也是宗教、種族及國際之間政治經濟和意識形態相互角逐的最大戰場。

長期研究媒體再現（Media representation）與以巴關係後，我透過二〇二一年五月加薩遭空襲事件，延伸討論西方主流媒體在國際政治關係與意識形態影響下，如何再現巴勒斯坦人的狀況，希望讓讀者理解為什麼閱讀新聞報導與認識以巴關係時，不應該從「衝突」的視角開始。

被噤聲的國際媒體與新聞工作者

自二〇二一年五月十日起，以英、美、加為首的英文主流國際媒體，包括英國廣播公司ＢＢＣ（British Broadcasting Corporation）、英國《衛報》（*The Guardian*）、美國有線電視新聞網ＣＮＮ（Cable News Network）、加拿大廣播公司ＣＢＣ（Canadian Broadcasting Corporation），皆以「以色列遭加薩恐怖組織哈馬斯攻擊，展開自衛還擊」或「因哈馬斯投射火箭炮，以巴『衝突』加劇」做為標題與導言，展開對以巴情勢升溫、關係緊張的報導。

很快的，許多主流媒體開始收到上百封請願與申訴信，要求他們的編輯部必須公正報導以巴關係中雙方政治、軍事實力不平等的細節。以加拿大ＣＢＣ為例，有上百封信寄到編輯信箱，就連自家記者也提出要對巴勒斯坦的回應做出平衡報導，但公司高層仍多次拒絕。最後，由在CBC工作的記者、編輯們發起，與其他媒體工作者合作寫了一封公開信，這封信在網路上轉傳，有超過二千名包含CBC和其他加拿大的媒體工作者、學生與律師連署簽名。

信中指出加拿大媒體——包含CBC編輯部高層在內，對以巴關係的報導多年來有失平衡，多次忽略以色列違反國際法、侵犯巴勒斯坦人權的事實；信中也點出在許多國際人權組織記錄的報告中，已明確顯示以色列對巴勒斯坦的軍事鎮壓可能達到「種族清洗」（ethnic cleansing）的嚴重程度。但加拿大的媒體高層卻曾明確下令禁止記者、編輯提及「巴勒斯坦」一詞，要以巴勒斯坦人、加薩、西岸等不具有國家主權意義的詞彙代替。對此，連署人不滿地表示：「新聞媒體沒有權力決定誰的人權比較重要。」信的末尾，連署記者們表示，希望媒體高層能夠給予巴勒斯坦公正、公平的報導空間，讓他們不再是媒體報導中隱形的、沒有權力為自己說話的一群人。

原本預期CBC高層將會沿襲二〇二〇年報導「黑人的命也是命」時，收到自家記者、編輯的批評後開會改善報導方向的傳統。沒想到公開信發表後，所有參與連署的CBC媒體工作者卻一一被主管約談，且被下令不能再參與製作和以巴關係相關的任何報導與節目。這樣的結果雖然令媒體工作者失望與憤怒，卻不令人感到意外。

西方國家主流媒體的報導往往反映其國家與以色列的經濟關係、外交政策和意識形態。近年來，有兩種最頻繁被右派媒體、親以人士與錫安主義者引用的「焦點轉移」方式：第一，將一切不支持以色列政府的言論貼上「反猶太主義」的標籤；第二，將巴勒斯坦人民起義與「恐怖主義」做連結。這兩種方式使得上至政府官員，下至媒體報導，多半不能批評以色列政府違反國際法與人權的作為。

反猶太主義遭到政治意識形態操作

「反猶太主義」是指公開反對、歧視猶太人的言論與行為，但現今的以巴關係中，政治角力與意識形態操作下，猶太人、以色列人與錫安主義者間的定義漸漸無法被清楚切割，在意義上有互相重疊之處，導致批評以色列政府的作為與仇恨反猶太主義言論往往是一線之隔。

一戰後，錫安主義興起，錫安主義倡議之父赫茨爾出版的《猶太國》，認為世界上的猶太問題在於沒有一個獨立的「猶太國家」，因此其支持者倡議必須建立一個「唯猶國家」。

二戰後，在英國的支持下，錫安主義者考慮到猶太宗教、民族的歷史，以及耶路撒冷對教徒的神聖性，決定回到當時的巴勒斯坦建國。一九四八年以色列建國後，以色列人這個名詞開始同時具政治意義與宗教意義。

以色列議會在一九八〇年代期間，快速通過《耶路撒冷法案》，表示耶路撒冷將永遠是以色列不可分割的首都，正式宣告不會給予巴勒斯坦獨立建國機會的決心。二〇一八年，以色列議會再次重申以色列為一個「猶太人的國家」，表示將優待信仰猶太宗教與猶太種族的國民，使得在以色列境內的以色列籍巴勒斯坦人注定永遠是「二等公民」。最後，《回歸法》的設立，讓全球猶太教徒與民族能夠隨時回到以色列，成為以色列國民。

由於猶太人過去曾面臨納粹大屠殺的歷史，西方各國在二戰後皆對於被貼上「反猶太主義」標籤而高度敏感，且猶太人與猶太遊說團體在世界各國的經濟和政壇內影響力不可小覷。一九九八年，當時的瑞典首相約蘭・佩爾松（Göran Persson）以瑞典學校對納粹屠殺歷史不夠熟悉為號召，協助成立國際猶太大屠殺紀念聯盟（International Holocaust Remembrance Alliance，IHRA）。聯盟要求會員國——包含美國、加拿大、澳洲、英國、歐盟許多國家——必須更新其對反猶太主義的定義，除了直接公開反猶太言論與行動外，新的定義也列舉以色列的例子，指出以色列為所有猶太人的代表，批評以色列政府等同反猶。

這項新定義一推出，嚴重影響言論自由與聲援巴勒斯坦人的各項行動。許多歐美國家在過去以色列對巴勒斯坦人民發動軍武鎮壓時，不願被與納粹政權做連結，往往在發表譴責聲明後不得不就此打住，且有鑑於猶太遊說團體握有的高度經濟政治影響力，無法有進一步的實際制裁或介入行動。

前美國總統巴拉克・歐巴馬（Barack Obama）便曾在二〇二〇年出版的回憶錄《應許之地：歐巴馬回憶錄》（*A Promised Land*）中談到，即使是在以色列違反國際法時，任何美國的政治人物若批評以色列政府，便會被貼上「反以、甚至反猶」的標籤，可能面臨下屆選舉時被「競選經費龐大的政治對手」挑戰的局面。

誰才是「恐怖分子」？——西方主流媒體與影視娛樂的再現問題

多年來，政府的立場讓大多數主流媒體，始終採取與官方一致的書寫角度：以色列對巴勒斯坦的任何軍事鎮壓，皆出於捍衛國家主權的自衛行為。除了不想與反猶太主義染上關係，另一個讓主流媒體與歐美國家在以巴關係中，對巴勒斯坦持不友善態度的關鍵則是「恐怖主義」的連結。

「恐怖主義」一詞源自十八世紀的法國大革命。二十世紀時，為爭取獨立的愛爾蘭共和軍一度成為恐怖主義的代表。直到二十一世紀後，在美國聯邦調查局與聯合國的演繹下，成為「個人、團體或國家為了政治、宗教、種族或意識形態因素，針對無抵抗還擊之力的平民使用非法、不均衡的暴力手段，造成平民的心理或生理安全受到威脅與影響」。

但二〇〇一年九一一事件後，由當時美國總統喬治・沃克・布希（George W. Bush，小布希）主導的「反恐戰爭」（War on Terror），讓恐怖主義的定義漸漸模糊。多數時淪為意識形態之爭，以合理化握有權力、武力一方，對弱者所採取的種族、宗教歧視與政治、人身安全打壓。

當時的以色列總理艾里爾．夏隆（Ariel Sharon）在九一一事件後造訪美國時，便對小布希說：「攻擊以色列人民的巴勒斯坦人與攻擊美國人的奧薩瑪．賓拉登（Osama bin Laden）一樣，都是恐怖分子。」表示以色列與美國之間，除了軍事、經濟、外交的長期合作外，面對反恐戰爭上，兩國應並肩作戰，共同擔任打擊恐怖分子（巴勒斯坦、賓拉登）的角色。

現今國際新聞中備受矚目、駐點於加薩走廊的「哈馬斯」組織，在阿拉伯文原意為「伊斯蘭抵抗運動」，於一九八七年創立，在二〇〇〇年第二次巴勒斯坦大起義後開始興盛，主張武裝抵抗結束以色列占領約旦河西岸和加薩地帶。曾使用自殺炸彈客攻擊以色列，被歐美國家與以色列視為恐怖組織。

在媒體報導中，以色列與哈馬斯經常被並提，二者之間的鬥爭被媒體釋義為「戰爭」與「衝突」，以美國為首的政治人物往往採取譴責哈馬斯的立場，表示以色列有絕對主權、保衛國家領土與對抗恐怖分子的權力。

然而，若以歷史宏觀的角度看「恐怖主義」一詞的演繹、改變，即不難分辨，誰是恐怖分子一向是根據在位者的角度與史觀做為基礎。例如，一九九三年獲得諾貝爾和平獎的南非反種族隔離革命家曼德拉，曾被列在美國聯邦調查局的恐怖分子名單之中；而一九九三年以巴雙方坐下和談的《奧斯陸協議》中代表巴勒斯坦的阿拉法特，其所帶領的巴勒斯坦解放組織也曾被視為恐怖組織，然而，簽訂《奧斯陸協議》、扶植成為自治政府總統後，阿拉法特即在隔年成為諾貝爾和平獎得主。

這些例子都解釋了恐怖主義與誰是恐怖分子，有可能隨著國際現實主義的變化而改變。許多閱聽眾在過去一甲子以來，已習慣將歐美為主的國際媒體內容奉為公平公正國際新聞的圭臬，若在失去歷史脈絡的情況下，單從哈馬斯攻擊以色列、以色列自衛還擊轟炸加薩做為以巴關係的報導起始點，西方主流媒體將導致許多閱聽眾在理解以巴關係時顛倒因果。

哈馬斯不但不能取代巴勒斯坦人民起義的力量與意義，其擁有的武力與經濟基礎，更是無法與每年接收美國至少三億美元軍事援助的科技大國以色列放在同一個天秤相比擬。以哈馬斯取代巴勒斯坦人民起義聲音的報導基礎，徹底忽略了巴勒斯坦人民早在一九四八年以色列建國後、哈馬斯興起前，早已不間斷起義抵抗的事實，不管是以武力抵抗或和平談判的方式，巴勒斯坦從未放棄過爭取自治獨立、國家主權的機會。

社群媒體串連全球草根，反錫安主義新力量？

各大社群媒體上，二〇二一年五月以色列進攻伊斯蘭聖地阿克薩清真寺，接著無差別轟炸加薩以來，便興起一股與主流媒體完全相反的論述觀點。

由巴勒斯坦人記錄的第一手影像——包含哈馬斯向以色列射擊火箭炮以前，東耶路撒冷居民被屯墾居民與以色列軍隊武力驅離家園、阿克薩清真寺遭以軍攻克的數起導火線，也包含連續十一天加薩受空襲，使六十五名兒童在內的二百三十二位加薩人身亡、超過五萬人無家可歸的影像——殘忍而真實地呈現出巴勒斯坦人在以軍鎮壓殖民下的苦痛，使得國內和海外的巴勒斯坦人，與全球各國的人權運動者皆無法繼續對以色列的非法行為坐視不理。

幾週後，滾雪球效應般，許多民眾自發性組成的聲援運動持續在各地發酵。亞洲、歐洲、美洲各國，上千、上萬乃至二十萬人聚集街頭，聲援及捍衛巴勒斯坦人的人權，並將以巴問題與過去的「南非種族隔離」政策、與源自歐美的「種族主義」（Racism）與「屯墾殖民主義」（Settler colonialism）意識形態做出直接連結。

不只愈來愈多名嘴、演員、名模、運動明星與政治評論家加入聲援巴勒斯坦的浪潮，歐美各國更有許多猶太團體在遊行時站出來，或在社群媒體上發聲支持巴勒斯坦的人權與自治主權，齊聲譴責以色列政府的不人道作為，這些猶太人試圖藉由他們的聲音來破除以色列政府將反猶太主義與批評以色列畫上等號的關聯。獨立媒體上，不同以往黑白分明或以「衝突」做為視角開端的聲音漸漸浮出水面。

一如在美國興起的世紀最大示威衝突「黑人的命也是命」社會運動，串聯起全美內外各大城市出來抗議的，並非僅是針對黑人男子喬治．佛洛依德（George Floyd）遭白人警察壓頸致死一事，其背後引起成千上萬人共鳴的是，美國有色人種過去數百年至今，不間斷遭奴役、壓迫的歷史脈絡。

造就二〇二一年這場聲援巴勒斯坦人權抗議行動一發不可收拾、團結力量壯大的遠因，當然是來自以色列長久以來對巴勒斯坦人採行的軍事殖民與深層的族群不平等政策。自以色列建國以來，巴勒斯坦人在以色列政府直接與間接的統治下，分別住在約旦河西岸、東耶路撒冷、加薩走廊，以及居住在以色列境內，卻持有不同的身分許可，與以色列國籍的猶太人擁有截然不同權利義務的巴勒斯坦人，過去七十三年來，生活在各種種族歧視政策壓迫下，無法喘息。

在社群媒體的助焰下，全球支持巴勒斯坦獲得自治獨立的人權運動人數有增加趨勢，已有數名美國國會議員、加拿大最大在野黨主席駔勉誠（Jagmeet Singh）公開表示美、加兩國必須停止對以色列的經濟援助與軍事武器交易；愛爾蘭政府在二〇二一年五月二十五日表態譴責以色列「實際吞併」（de facto annexation）巴勒斯坦土地，為歐盟第一個正式承認與譴責以色列違反國際法的國家。

最後，需要一提的是，雖然社群媒體的力量在這次事件占著舉足輕重的地位，在FB與IG上，巴勒斯坦與支持巴勒斯坦的人群運動者皆表示，他們的貼文與轉發的圖文不僅觸及率異常降低，也常被無預警刪除，向平臺申訴後，遭駁斥的原因往往是社群媒體認定內容「違反社群規定」、「鼓吹種族偏見、恐怖主義或暴力」。

長期關注、研究後，我發現會被下架或打馬賽克標示有「暴力血腥」警語的影片，多是明顯可以看見以色列士兵攻擊手無寸鐵平民的影像，相反的，若影片中有看到自衛的巴勒斯坦民眾，影片會被打上馬賽克的機率則非常低。這些馬賽克的影片往往使一些人因為恐懼而不會點開，使觀看率降低，觸及與分享率也減低。

美國普林斯頓大學副教授魯哈．本傑明（Ruha Benjamin）和許多長年研究科技與種族歧視的學者皆發現，FB與IG等社交媒體平臺，在設計演算法的過程中往往承襲既有的種族歧視偏見，使得本來就屬於弱勢族群或被畫上刻板印象的一方更容易被忽視，加強亦加深了社會不平等。除此之外，錫安主義者在全球的政治經濟影響力不容小覷，科技資訊龍頭Google的現職與離職員工們就多次公開抗議公司明顯的「反巴勒斯坦政策」，在Google地圖上的這片土地上僅有「以色列」一個國家標籤，巴勒斯坦無處可循，只將加薩、西岸等用非國家標籤的方式標示出來。

這些結果顯示出，雖然大規模的抗議、聲援和巴勒斯坦人在社群媒體轉發的第一手影像，能夠增加全球民眾對巴勒斯坦人處境的了解，更以一個支持反種族歧視、反殖民議題的方向來認識以巴關係，但距離能夠徹底改變主流媒體的敘事角度，甚至推動與以色列有直接經濟、軍事武力關係的國家領導人實質介入改變以巴雙方的不對等關係，仍然還有很長的路要走，需要發自草根力量持續努力。

失色的童年
——巴勒斯坦兒童入獄比例激增背後的故事

二〇一五年十月十二日，一段攝於耶路撒冷鄰近比茲卡則夫猶太屯墾區（Pisgat Ze'ev）的影片，燎原般熊熊橫掃社群媒體和以色列、巴勒斯坦當地媒體的網站，掀起巴勒斯坦人一股憤怒烈火。

年僅十三歲的阿赫馬德・馬納斯拉（Ahmed Manasra）倒臥在一片血泊中，他伸長手臂哀嚎、向天求救。稍早，馬納斯拉被一部以色列人開的車子衝撞、碾壓，又遭到以色列士兵射擊，鮮血染紅整個地面，他的眼神無助，身體痛苦地捲縮扭曲。影片的背景聲音是希伯來文的咆哮聲：「去死吧！你這個狗娘養的死孩子，去死吧！」旁邊時不時傳來其他希伯來語的附和聲：「快！射爆他的頭，讓他死。」與馬納斯拉同行的十五歲堂哥，因為槍傷嚴重而當場死亡。

三天後，以色列媒體報導：「『恐怖分子』馬納斯拉經審問後，已向當局招認『計畫要持刀刺殺猶太人』，以此證明開槍與開車衝撞他的以色列人皆是出於安全自衛的正當考量」。

馬納斯拉的家人與巴勒斯坦政府都嚴詞駁斥這種說法——尤其在一段以色列士兵審訊馬納斯拉的影片中，清楚記錄下士兵對著頭上包著紗布，且因傷口疼痛與精神創傷導致神智明顯不清楚的馬納斯拉不斷大聲怒吼，要他招認是「屠殺猶太人的幫凶」。馬納斯拉在一連串的咆哮下，崩潰地大喊什麼罪行都認，拜託停止咆哮、怒吼，而這就是被以色列當局認定為「證據確鑿已招供」。

兩段影片的影響相繼在媒體與社群網站上發酵，輿論四起，國際人權組織譴責以色列當局歷年來不當處決、拷問兒童，甚至嚴刑逼供。律師和人權團體努力為十三歲、身受重傷的馬納斯拉爭取權益，希望能夠讓他至少免去在成人牢獄服重刑的命運。然而，以色列法庭仍依據議會最新通過的「青年法案」（Youth Bill），以「恐怖殺人未遂」起訴馬納斯拉。隔年，他滿十四歲時，被以成年人的準則起訴，判處九年半刑期。至今，馬納斯拉已在以色列監獄裡六年，二十歲的他除了歷經槍傷、目睹堂哥在眼前被殺、以色列士兵的暴力逼供等創傷，服刑時常常被單獨監禁（Solitary confinement），在醫療專家的鑑定下，他已發展出嚴重心理問題與精神分裂症，但以色列在二〇二一年仍駁回讓他提早出獄接受醫療照護的上訴要求。

被許多國際媒體稱為「刺刀起義」的二〇一五年第三次巴勒斯坦大起義，可以說是過去十年來在以色列殖民下，巴勒斯坦人民抗爭起義最激烈的一次。

根據當年九月的年度統計數據，共有二百七十四人身亡——包含二百三十五名巴勒斯坦人，三十四名以色列人，以及五名外籍人士。這一年死亡的巴勒斯坦人中，有四分之一是不到十八歲的青少年，有十一名甚至還不到十四歲。平均有七百名未成年孩童曾被以色列軍隊逮捕，每個月都有高達四百零三名兒童仍被羈押或囚禁在以色列監獄裡。

二〇一五年十一月，以色列議會專門立法，被以「投擲石塊」逮捕的巴勒斯坦人，可判處最低三年、最高二十年的有期徒刑。而在二〇一六年八月，以色列議會再度通過一項「青年法案」，針對「有恐怖分子嫌疑」的殺人及殺人未遂案件，將可受以色列法庭審判入獄的年齡降低至十四歲。此法案大大影響在東耶路撒冷且領取藍色身分證的巴勒斯坦兒童；而在西岸被逮捕且持有綠色身分證的巴勒斯坦兒童，則交由以色列軍事法庭管理，最低入獄年齡為十二歲，相當於臺灣國小六年級的年紀。

根據半島電視臺報導與人權組織卜采萊姆統計，每年巴勒斯坦兒童遭捕的平均人數自二〇一一年漸趨成長，光是二〇一五年的兒童入獄人數，與四年前的紀錄相比暴增四倍之多，而巴勒斯坦兒童被捕入獄最常見的「罪名」便是「投擲石塊」。

「在希伯崙，擁槍自重的屯墾區居民，隨時可以恣意向我們開槍。但以色列的立法機構和軍隊的逮捕過程充滿種族歧視，不管幾歲，被逮捕、羈押和判刑的標準建構於你是哪個種族（以色列或巴勒斯坦人）、拿什麼類型的身分證之上。」非政府組織「保衛兒童」（Defense for children）的巴勒斯坦分部負責人阿雅德．阿布．埃克泰什（Ayed Abu Eqtaish）既憤怒又無奈地表示。

「保衛兒童」於二〇一九年一月向聯合國提交一份巴勒斯坦兒童在以色列殖民統治下的統計報告，單單在二〇一八年，就有高達五十六名巴勒斯坦兒童死於以色列軍隊的槍火下。「保衛兒童」組織向聯合國提出，應將這些針對兒童發生的案件移至國際法庭以「戰爭罪」審理。聯合國兒童基金會也回應，巴勒斯坦兒童所處的環境對生理、心理、安全都有極大威脅。

來自南方城市伯利恆的赫社難民營（Dheisheh refugee camp）的拉姆西・阿布・阿賈米亞（Ramzi Abu Ajamia），曾在二〇一六年時被指控參與抗爭行動，受以色列士兵追捕，當時他才十二歲，「我根本不知道為什麼他們要抓我，我從來沒有去外面參加抗爭。有天，他們突然闖進我家，對我家人說我是可疑分子，所以要逮捕我。」

在從未犯法的狀況下，拉姆西知道自己若遭逮捕，一定逃不過服冤獄的命運，便開始四處遷徙、躲藏，好幾個月無法回家。雖然躲過三次抄家、逮捕，仍在一次以色列突擊赫社難民營時，遭士兵開槍，導致雙腿中彈。拉姆西激動地向我描述事情發生的情景：「我什麼都沒做！那天早上，我只是和朋友在家門口玩遊戲，接著就聽到有人大喊『快逃』，我還來不及反應，就看到一個以色列士兵。他一和我對上眼，便馬上朝我的腿開了一槍。我朋友想幫我，試著把我扶起來，但那個士兵又對我們各開一槍，當我再也站不起來時，他又補了一槍。」為了避免被抓走，拉姆西的家人不敢將他送到大醫院。一個月後，以色列士兵再度來到營內，這次雙腿已受重傷的他無法逃跑，被逮捕羈押。

在聯合國近東巴勒斯坦難民救助與工作署工作的赫社難民營文化中心發言人艾薩・薩爾菲（Aysay al-Salfi）告訴我，以色列士兵攻擊難民營時都特別針對居民的腿部開槍，尤其瞄準膝蓋：「那位率領攻堅赫社難民營的以色列軍官，曾用擴音器宣布，總有一天他要讓難民營所有的青少年都坐上輪椅，讓每個人都無法再站起來反抗。以色列士兵常會逮捕所有在難民營內受傷的人，宣稱他們都是參與抗爭的恐怖分子嫌疑犯。即使很多人都和拉姆西一樣，根本什麼都沒做，只是很不巧地在他們攻堅時被看到了。」

我造訪赫社難民營時，拉姆西剛因腿傷需住院開刀而獲短暫假釋，但交換條件除了付出七千五百謝克爾（約新臺幣六萬七千八百一十八元）的高額罰鍰外，在醫院接受治療以外的時間都會受到以色列監控，不能離開家，人身自由受限。

「他們規定我不能離開家，連學校都不能去。其實我很想繼續上學，以後想成為心理學博士，但現在我也不知道什麼時候才能回到學校。」拉姆西看著自己的腳傷，難過地向我回憶那段曾經可以愉快跑跳，在學校與同學一同學習、玩樂的時光。

拉姆西的哥哥哈沙・阿布・阿賈米亞（Hamza Abu Ajamia），十六歲時也曾被以向以色列人投石為由，遭捕入獄關了六個月。出獄後，他已經被迫輟學半年以上，這段在監獄度過的時光讓他心中備感壓力，追不上缺漏的進度，無法正常和同儕相處，只能放棄復學。「當你問被釋放出獄的青少年，覺得日子有沒有什麼不同時，他們總會告訴你沒有什麼不同，可是你可以看出他們整個人都變了。他們已經對生命和生活失去目標，也不抱什麼希望了。」艾薩嘆息著。

巴勒斯坦的兒童從出生開始便活在軍事殖民的高壓統治下，在西岸自治區，擁槍的屯墾區居民、武裝以色列士兵、檢查哨無所不在，幾乎沒有任何一個巴勒斯坦人不曾經歷過失去家人、朋友的痛楚。無論是基於國際法、國際人道主義法或國際人權法，以色列身為殖民占領國，本應該負起保護占領地上巴勒斯坦人的安全與和平，現實卻完全相反。而巴勒斯坦人身為被殖民占領者，依據聯合國決議過去的聲明，相對擁有合法武力抗爭殖民暴力、爭取民主自決的權利。

因此，自以色列建國以來，巴勒斯坦的自決獨立運動從未間歇。巴勒斯坦人敬重願意起身與以色列威權抗爭的人，並尊稱那些不幸在抗爭中犧牲性命的人為「自由鬥士」或「殉道者」。

走入被奉為「殉道者首都」的傑寧難民營（Jenin refugee camp）內，各家門口、大街小巷的牆壁上，隨處可見被書寫其上的殉道者之名，或是印著殉道者人像的海報、布條。由於巴勒斯坦難民營的地位與定義模糊，混雜在兩個政治體——以色列與巴勒斯坦自治政府——之間，常淪落為兩邊夾擊的受害者。不受以色列法律約束，也得不到巴勒斯坦政府的投資建設或軍事保護，加上過去兩次巴勒斯坦人起義中許多自殺炸彈客皆來自難民營，遂成為以色列政府的眼中釘，視其為鼓吹與窩藏「恐怖分子」的大本營。營內長期在可能因難民身分被巴勒斯坦政府驅趕，與以色列軍隊武裝脅迫的壓力下，不得不自立自強、自行擔起保衛家人的責任，改造與走私槍枝的情況頻繁，以用來對抗時常重兵武裝入營侵略的以色列軍隊。

「對我來說，殉道者的意義不是殺死敵人，而是捍衛家園和家人的勇者，這裡最小的殉道者才七歲。」住在難民營的阿赫馬德．阿布納斯（Ahmed Abu Nasse）這麼向我說著。二十歲出頭的他還在念大學，喜歡化學，立志當科學家。但說起殉道者，他滿懷熱忱地表示：「在這裡，我們很尊重殉道者，他們是最勇敢的一群人。每個人都有責任保護自己，守護我們愛的人，這是身為殉道者後裔的使命。」他秀出手機中爸爸的照片，曾身為難民營領袖之一，在二〇一〇年被以色列士兵槍殺，成為殉道者。

「從小孩到老人，誰在這裡沒有體驗過士兵的暴力？」阿赫馬德補充，「我們身為難民，得不到任何國家或政治體系的保護和幫助，如果你從小就看著家人不斷被以色列人欺負、殺死，怎麼可能還繼續沉默？」

自一九六七年起，「巴勒斯坦殉道者基金會」在巴勒斯坦解放組織的指導下成立，巴勒斯坦自治政府每年均編列預算，發放不定的經濟援助金給家人遭以色列人殺死，或被囚禁於以色列監獄的巴勒斯坦家庭。對此，以色列前總理納坦雅胡多次痛斥這種撫卹金是「助長謀殺行動，激發恐怖攻擊動機」的機制，指控他們從上至下，政府乃至巴勒斯坦的父母都成為鼓吹孩子參與恐怖攻擊行動的幕後黑手。

「沒有人想犧牲自己的孩子，再多錢都無法彌補不能見到孩子在自己身邊的痛。」夏底．法拉（Shadi Farrah）的媽媽沉痛地回應這項指控。

夏底是二〇一六年時在以色列獄中服刑年紀最小的兒童，當時年僅十二歲的他，在二〇一五年底被以色列士兵宣稱有「私藏刀械」與「殺人未遂」之嫌逮捕。他的母親每個星期都需花費一千謝克爾在坐車、購買補給品和付探望費給監獄。

傑寧難民營

除了固定的探望開銷外，家裡尚有四個孩子的生活費支出，夏底的父親在兒子被逮捕入獄後遭解僱，找工作四處碰壁，家中頓失經濟支柱。媽媽無奈地說：「以色列人總喜歡用連坐法懲罰巴勒斯坦人，如果你的孩子被捕，所有和以色列有往來或隸屬以色列管轄的公司都不會發給你工作許可證。」

他們表示，撫卹金對夏底被捕後的開銷根本一點幫助都沒有，「我只想要他回到我身邊，有時我一點都不想待在家裡，這裡每件事都有與他相關的回憶，我沒有一分一秒不想念他。而且他還這麼小……在監獄裡，他們折磨他，向他潑冷水後，逼他坐在冷氣房、電擊他，每次去看他，他都哭著對我說為什麼不帶他回家，他什麼都沒做，他什麼都沒做啊！」

非政府組織「囚犯人權」（Addameer）團體長期追蹤

夏底母親

巴勒斯坦兒童入獄的調查顯示，以色列士兵通常會在尚未有確鑿證據前，依據「有嫌疑」的藉口在半夜入侵民宅，違反國際法羈押兒童。兒童被羈押後的審訊過程，不只家人，連律師都被禁止陪伴左右，讓兒童獨自面對以色列士兵的訊問，四分之一的兒童表示曾在審訊時遭逼迫在看不懂的希伯來文件上簽字，且半數以上都曾受到言語或身體暴力霸凌。

針對鼓勵自己的孩子參與抗議以色列殖民行動一事，住在納畢薩利赫村的巴杉・塔米米（Bassem Tamimi）有獨到的看法：「無論長幼，每個人都是納畢薩利赫村的一分子，我們鼓勵每位村民參與抗爭，並帶上自己的孩子。」

自二〇〇九年起，巴杉與村裡其他領導者自發組織起在每週五伊斯蘭的主麻禮拜後，帶領全村居民聚集走向以色列隔離牆與檢查哨示威抗議。主張「無暴力」、以和平抗爭、影像紀錄的方式吸引國際團體的注意力，但即使只是示威遊行，仍有超過二百位居民曾被以色列軍隊逮捕羈押或入獄服刑，被捕的人數超過一半都是未滿十八歲的青少年。巴杉的女兒艾哈德（見頁一三六）曾多次被媒體捕捉到她幼小而纖瘦的身軀，站在以色列士兵面前毫不畏懼，大膽喝斥士兵的影像，受到許多國際媒體和人權運動分子關注，然而就連她最終也逃不過被捕入獄的命運。

以色列政府多次批評巴杉的做法，指控他們利用孩童的形象博取國際同情。但巴杉解釋：「村裡的兒童這一生都逃不過以色列的占領與殖民暴力，我們不能總是把他們藏在家裡，保護得好好的，他們總有一天必須獨自面對那些士兵。鼓勵他們參與我們的抗爭行動，為的是教導他們了解自己的國家、身為巴勒斯坦人應該爭取的權益，也教導他們如何處理壓力與害怕的情緒，這是我們愛他們的表現——給予他們機會，練習勇敢面對暴力與不公不義。」

在希伯崙安曼心理諮詢中心（Amen counseling center）擔任主任的馬利安・阿布・圖爾基（Mariam Abu Turki），長期接觸治療受釋放兒童的案例後，分析出兒童成為以色列殖民下最大受害者，且漸漸成為參與起義主角的三大原因。

第一，巴勒斯坦兒童自童年起即近距離接觸與感受暴力，他們或許對於殖民歷史淵源不了解，卻從小目睹親友被殺，在葬禮中看見因喪失愛人而崩潰的深切痛處也成為日常。另一方面，以色列政府常使用連坐處罰方式，不時發布禁令，禁止巴勒斯坦人探望被囚禁的親人，潛意識中認為自己也不得不加入起義抗爭的種子便深植巴勒斯坦兒童的心。「每個在巴勒斯坦土地上成長的的孩子都有心理疾病，他們不知道該怎麼表達憤怒和壓力，以為只要跟著大家一起丟石頭、喊口號就可以改變世界，但他們根本不知道這麼做的後果（被槍殺、被捕入獄）是什麼。」

她接著解釋，第二個造成兒童成為衝突主角的原因，可歸咎於巴勒斯坦人長期生活在殖民與軍事占領的壓力下，國內經濟飽受以色列鎖國封路和貨幣控制之苦，失業率高攀不下，青年一代對未來毫不抱持希望。

第三個原因，馬利安認為問題出在巴勒斯坦兒童的受教育權利上——前面曾提及，以色列軍隊常使用連坐法，往往在某處衝突發生或逮捕巴勒斯坦「嫌疑犯」後，處罰整個村落，時不時在市鎮出入口設置重兵駐守的檢查哨和路障。許多兒童每天上下學必須步行跨越重重關卡，有的每天無法準時到校上課，有的甚至在主要幹道被士兵占領後，好幾天無法上學，嚴重影響學習進度。希伯崙的居民甚至必須為了保護兒童的安全、保障他們的受教權，與外國志願者組成一支保衛兒童上學的「志工隊」，每日陪同兒童步行上學，特別是那些以色列軍隊駐守或靠近猶太屯墾區的路段，以免兒童受到軍隊或屯墾區居民的騷擾或襲擊。

過去一甲子，以色列政府不顧國際輿論，堅稱逮捕「有恐怖攻擊動機」的嫌疑犯是為保衛國土安全，不分年齡、性別。以巴雙方的摩擦不只在實質的武裝衝突上，也在媒體與人權議題的辯論舞臺上隔空交火。連年統計數據中可以看出，青少年一代已然成為在以色列占領下參與抗爭、犧牲生命的主角。在以色列人眼中，「恐怖分子」、「殺人凶手」的標籤無庸置疑地貼在這些巴勒斯坦未成年兒童的身上；然而，對巴勒斯坦人來說，他們不僅是在軍事占領下絕望的「弱勢」，是無力反抗的「受害者」，更是勇敢的「殉道者」和「自由鬥士」。

被囚禁於以色列監獄之巴勒斯坦政治犯總人數	四千四百五十人
行政拘留（尚未舉行審判前即遭無期限居留）	六百七十人
未成年兒童*	一百七十五人
女性	二十七人
服無期徒刑	五百五十一人

（資料出處：Addameer）

*自二〇〇〇年來，超過一萬二千位巴勒斯坦未成年兒童曾遭行政拘留或逮捕監禁，平均每一年都有至少逾五百五十位兒童受牢獄之苦，此表格示意僅為二〇二二年八月囚禁的兒童數目。

反以色列軍事殖民＝反猶太主義嗎？
——從BDS社會運動探歐美國家「中立」政治立場

二〇一七年的柏林，一件充滿爭議的法庭案件引起國際矚目：三位在德國的人權運動分子分別被以非法侵入（trespassing）、企圖傷害罪（assault）為由遭起訴。三人有「洪堡三人組」之稱，在社群媒體上以 #Humboldt 3 的標籤竄紅——分別是來自加薩走廊的巴勒斯坦記者馬吉德．阿布．薩拉馬（Majed abu salama）和兩位來自以色列的猶太人，人權捍衛者羅尼．巴爾坎（Ronnie Barkan）、哲學教師史黛芙．西奈（Stavit Sinai）。

事件導火線需回溯至同年六月，以色列政客艾莉莎．拉維（Aliza Lavie）在柏林的洪堡大學（Humboldt University）舉辦一場演講，席間，洪堡三人組到場抗議艾莉莎與以色列政府不人道對待巴勒斯坦的非法占領與軍事鎮壓。艾莉莎自二〇一三年起便代表以色列未來黨（Yesh Atid）出任以色列議會議員，做為以色列的立法機構，議會的職權包括通過法律、選舉總統及總理，議會擁有「議會至上」（Parliamentary sovereignty），大多數的議員同意下，即使在法條草案違背以色列基本法（Basic Laws of Israel）*的狀況下，仍然可以逕行通過。

除此之外，艾莉莎也在以色列議會中反對BDS（anti-BDS）運動裡扮演重要的領導者角色。BDS運動的目的是藉由全世界公民的經濟制裁壓力，對以色列政府發聲與施壓，主要呼籲有三：停止非法軍事占領巴勒斯坦土地、尊重以色列建國後仍居住在以色列境內的巴勒斯坦人人權，以及給予一九四八年後被迫逐出家園流亡各地的巴勒斯坦難民返鄉回家的回歸權力。

BDS亦將以色列對巴勒斯坦的殖民現狀，比擬同為南非種族隔離，這個比喻

＊以色列頒布的十四份憲制性法律文件，且該文件中，有數份必須經以色列議會絕對多數意見下才能更改。

相繼被聯合國特別報告員（UN special rapporteur）、西亞經濟社會委員會（Economic and Social Commission for Western Asia，ESCWA）、以色列人權組織卜采萊姆和國際人權組織人權觀察年度報告認可。

過去數年來，以色列政府不斷批評BDS運動是「反猶太主義」運動，呼籲各政府應該法律制裁參與人員與機構。對此，BDS的召集人與創辦人多次表示，此運動從未針對猶太人，而是對以色列政府不當迫害巴勒斯坦人人權的一種經濟施壓，與過去抵制南非種族隔離政策時國際社會所採取的南非撤資運動（Disinvestment from South Africa）目標一致。

在德國柏林遭起訴的洪堡三人組皆為著名的BDS運動分子，他們到場抗議艾莉莎的行動，因此在法庭上被控方律師羅織冠上「反猶太主義」的罪行。除了控方律師實際上沒有真正的實質證據證明三人有犯罪行為，遭到起訴後，他們不但沒有因此低頭隱身，反而更積極地在社群媒體和法庭外號召更多聲援巴勒斯坦人權的活動，最後成功將這個法案的焦點由「反猶太主義」的敏感話題，轉移到應以國際法律制裁以色列對巴勒斯坦人犯下的罪行。

三年後，二〇二〇年夏天，洪堡三人組的案子因證據不足，被起訴的罪名都被撤銷。人在德國的馬吉德與我視訊連線，談起三年來在異地打官司的心路歷程，在我的想像中，這本應該是段令人坐立難安、緊張不已的經驗，馬吉德卻大方地笑著說：「我從來沒有擔心過最壞的結局是什麼，我知道自己在法理上站得住腳，我知道自己做了對的選擇，我們沒有犯法，沒有做錯任何事。唯一錯的是，這個世界上許多強權國家已經太害怕被扣上『反猶太主義』的敏感帽子，尤其是德國，納粹的歷史讓他們不自覺會先入為主認為所有與猶太人或以色列扯上關係的議題，不管對錯，他們都必須先低頭認錯。」

馬吉德全心全意投入且支持人權運動不是從二〇一七年的這場官司開始，而是早已埋藏在家族血液的本能直覺。「我從小在一個參與推翻以色列殖民的革命家庭裡成長，父親曾因在第一次巴勒斯坦大起義中扮演領導的角色，被以色列軍隊逮捕入獄十七年，因此，我的童年回憶裡，大部分時間父親都在政治牢獄裡度過，其他五個叔叔、伯伯也經常被逮捕入獄，這些成長經驗讓我深深體驗到殖民統治的不公不義。父母親一向教導我們，絕對不要輕易向權勢低頭，若看到有不公平的事發生在自己或他人身上，一定要毫不猶豫地挺身而出。」

一九八八年，馬吉德誕生在加薩的賈巴立雅難民營，時逢第一次巴勒斯坦大起義的第二年，而賈巴立雅難民營正是人民起義爆發的起源地。出生時，他的父親被逮捕入獄，由母親獨自扶養長大。回憶起成長過程，家中總充滿同是丈夫被逮捕的阿姨、姑姑，三不五時就會有以色列士兵到家裡找碴。套句馬吉德說的話，巴勒斯坦人總是要在持續不斷的創傷中抵抗暴力，創傷之於巴勒斯坦人，幾乎已經變成生命中的一部分。

除了要獨自養育二子三女，馬吉德的母親在政治與社會運動領域上毫不遜色，與其他女權運動者在加薩一起創立女性工作權益委員會，為其他加薩女性的家庭與工作權利發聲，母親的模範促使馬吉德的其他姊妹紛紛投入女權運動的行列，如今在英國、比利時都有傑出的表現。

馬吉德在二〇一〇年於德國獲得實習工作的機會，之後拿到在德國的工作簽證並擔任自由記者，自此開始在加薩、柏林兩邊穿梭，一直到二〇一六年，他才決定在德國定居。身為一個巴勒斯坦人，在德國的生活經驗相當特殊。

西方國家在二戰後因納粹罪行而對「反猶太主義」十分敏感，儘管「反猶太主義」本是指反對與追殺「猶太民族」，與以色列政府沒有直接關係，但隨著由前總理納坦雅胡主導的右派政府刻意將猶太與錫安的意義混淆，加上全世界錫安主義者協同福音教派信徒開始擁有高度的經濟與政治影響力後，西方各國不得不默認，將一切鞭撻以色列政府的言論等同於可能反猶的行為，使得以色列想建立「唯一猶太國家」的願望，以及實施種族隔離政策的違法行為，不知不覺在世人的意識形態中漸漸合理化。

例如，二〇一九年，索馬利亞裔的伊爾罕．奧馬爾（Ilhan Omar）與首位巴勒斯坦裔的密西根州參選者拉希達．特萊布（Rashida Tlaib），一併奪下美國國會的席次，為史上首兩位穆斯林議員，她們的勝選為美國政治史寫下劃時代的一頁。然而，她們吸引來的鎂光燈將原本美國國內保守派對於反穆斯林的氣氛推到新高點，許多Twitter與社群媒體紛紛出現對奧馬爾的質疑與指控，甚至說她將對美國與西方國家的安全帶來威脅。其中，對她撻伐聲浪最高的則是來自保守右翼與錫安主義者，原因是她一直以來都是巴勒斯坦的支持者，也公開表示贊成由國際社運人士發起的BDS

運動。二〇一四年當選前，她在 Twitter 上斥責以色列政府不人道轟炸加薩的推文，便曾在當選後遭炒作，引起民主黨與共和黨內支持以色列的領導者紛紛跳出來指控奧馬爾有「反猶太主義」的言論，必須立刻道歉，她的國會席位甚至受到威脅，使得她不得不公開發文與現身道歉。

即使沒有公開表態支持以色列，當許多國家領袖出言反對ＢＤＳ，或者將批判以色列政府的言論與反猶太主義直接畫上等號時，也顯示出西方勢力不再對於以巴兩國間的衝突保持中立態度，「兩國方案」的未來可行性亦已步入末路。

尤其在德國，納粹屠殺猶太的陰影仍籠罩整個民族史，住在德國的巴勒斯坦人往往在行事與發言上都必須小心翼翼，避免踩到「反猶太主義」的地雷。這種敏感激起的爭議再次深刻地突出現今國際政治上的矛盾衝突點——錫安主義與猶太主義、以及反以色列軍事殖民與反猶太主義的混淆。

馬吉德表示，案子訴訟審理的三年間，即使自己沒有遭到任何徒刑判決，卻收到德國當局通知，說他的簽證將停止更新六個月，並被國安局列入「恐怖分子」嫌疑的監察名單。他說：「這是國家機器經常使出的手段，目的就是讓巴勒斯坦人噤聲，不要批評也不要攪和進任何和猶太人或以色列政府有關的事情。」

「法庭審理我們的案子時，控方律師一直試圖在辯論中指控我們在洪堡大學的抗議是反猶太主義行為，藉此引起德國社會的輿論，但我們蒐集好證據反駁所有他們指控的犯法行為。除此之外，我們開始在法庭向法官陳述過去數年來，以色列在巴勒斯坦犯下各項違反國際法的案子，以國際法律做為我們的辯護靠山，這是控方律師和法官都沒料想到的結果。」

他高興地告訴我，雖然在案子審理期間曾度過低潮時期，卻為他吸引更多志同道合的朋友，收到來自世界各地的人權運動者支持。更重要的是讓其他巴勒斯坦人知道，只要在國際法理上站得住腳，巴勒斯坦人不但可以為自己辯護，也不需要一直以受害者角度自居。

現在，他持續在德國組織集會與活動，也與其他在加薩的巴勒斯坦人和幾名歐洲朋友共同創辦了「我們不是數字」（We are not numbers）的非政府組織，讓加薩的年輕人有個平臺為自己說故事和發聲。

快要當爸爸的馬吉德告訴我，他很期待有天能把這些故事告訴女兒，讓她知道自己除了德國之外，還有個位於巴勒斯坦的家在不遠的遠方等她，「我們一家人有一天總會一起回家的。」

PART 7

餐盤裡的一千零一夜

餐盤裡的戰爭

當我告訴別人要去巴勒斯坦時，很多人都詫異地看著我問：「巴勒斯坦？那裡不危險嗎？」聽見這個問題時，我總是微笑地想起一位旅居在巴勒斯坦的英國朋友，他總是這麼回答：「是啊！巴勒斯坦好危險呀！有體重增加好幾公斤的危險！」

巴勒斯坦是宗教經典中，被譽為「流著奶與蜜之地」的國家，左依約旦河，右傍地中海，群山環抱，擁有種植橄欖樹的絕佳氣候，四季分明，與世人想像中的沙漠風情截然不同。

自一九四八年的「浩劫日」開始，巴勒斯坦人的死傷已不計其數，落入監獄、被迫逃亡世界各地的難民高達數百萬人，是全球難民人口最高的國家。雖然巴勒斯坦人生活困苦，但他們知福樂天、堅毅又不輕言放棄的性格，促成神奇而「有趣」的生活

巴勒斯坦家庭席地吃飯

氛圍。生活在以色列殖民軍事統治下，巴勒斯坦人的每一天都有無限「可能」──可能被逮捕入獄、可能在路上被以軍騷擾、可能遭到流彈攻擊而重傷、可能失去性命、可能失去家人或朋友。

但甫談完苦痛的下一刻，他們又會要你暫時忘記這些悲傷痛苦。「先填飽肚子才是重要的！沒吃飽，人生哪來的力氣繼續？」

好客的巴勒斯坦人總在結束採訪後，邀請我共進午餐或晚餐。享有「美食天堂」美譽的巴勒斯坦，富含數不盡的珍饌，雖然路邊隨手可得的小吃──如法拉佛（falafel，油炸鷹嘴豆餅）、鷹嘴豆泥（hummus）和沙威瑪烤肉（Shawarma/Kebab）等，都不會讓旅人的胃失望，但再美味的小吃都比不上巴勒斯坦人家的家常菜。

食物對巴勒斯坦人來說，不僅是填飽肚子，它代表的象徵意義就是「家」。巴勒斯坦的家庭人數通常平均不會少於五人，父母、祖父母和兄弟姊妹們加起來，超過十個人的大家庭不在少數。

傳統上，廚房依然由女人當家，負責家中大小料理。不管問多少人，每個巴勒斯坦人一定都會告訴你：「我母親是世界上最棒的廚師，她的廚藝無人能及！」

每逢星期五是以穆斯林為大宗人口的巴勒斯坦例假日，也是「禮拜日」。人們會上清真寺參與禮拜，而中午禮拜結束後的那一餐，對他們更是意義非凡，是全家人要回家團聚共享的一頓大餐。巴勒斯坦人的飲食文化偏好「一起」的概念——不僅要全家人坐在一起吃，也一起吃同一個盤子的食物，和我以往「一人一份」的分食習慣不同。

造訪許多不同巴勒斯坦的家庭後，我觀察到這種飲食文化像是一種藝術，有著整齊的儀式：一家人圍坐客廳，等待上菜時，忙進忙出的母親張羅著大餐，兄弟姊妹們隨侍在側，為客人奉上阿拉伯咖啡、薄荷茶、鼠尾草茶等飲品，以及各式各樣的前菜和點心。

這些前菜、點心有時是家裡或街頭轉角買來現烤的烤餅，搭配鷹嘴豆泥、茄泥等沾醬，以及家中自製的醃菜、起司球；有時則是法拉佛，配著切成條狀的新鮮小黃瓜、番茄，一道接一道盛給客人，待客之道是絕對不允許客人面前的杯盤空下超過一分鐘。可以說，巴勒斯坦人的好客程度，與他們熱愛美食、熱愛生命的程度，絕對不相上下。

前菜過後，隨後登場的主菜通常為米食，一大盤送上桌，放在直徑至少有五十公分的盤子裡，這些食物不僅分量驚人，擺盤也精心設計，巴勒斯坦人有句話是這麼說的：「肚子吃飽前，眼睛得先吃飽！」

奉上大餐後，大家大多圍坐著——還是有許多家庭喜歡比較傳統的飲食方式：席地而食。所以可以見到有些家庭喜歡圍著餐桌吃，有些家庭喜歡像野餐一般席地，圍著食物坐一圈，拿起湯匙大快朵頤，搆不到的食物，大家互相幫忙添入。

巴勒斯坦最有名的一道國寶菜餚莫屬「倒栽蔥盆飯」（Maqlooba，馬庫魯巴，阿拉伯原文意思為上下顛倒），這道菜的名字源自做

市集各樣醃菜

巴勒斯坦美食前菜

法，先把所有準備好的蔬菜食材油炸備好，雞肉炒軟煮熟後，一層一層、小心翼翼地把所有煮好的食材鋪疊入鍋，最後在上層覆蓋調味好的生米，經過慢火燉煮後，讓所有食材在鍋裡互相吸吮香味、養分，等米飯熟透，水分抽乾後，靜置半小時，再將鍋子上下翻轉倒在盤子，像一座小山、城堡般的倒栽蔥盆飯就這樣華麗登場。每當有外賓初來乍到巴勒斯坦，他們總是驕傲地邀請客人到家裡來吃這道國寶菜餚，最特別的是這些國寶級巴勒斯坦家常菜餚，平常在餐廳吃不到，唯有被邀請入家門，才有機會大啖這些道地美食。

即使主食大部分是米飯，巴勒斯坦人有時仍喜歡「以餅代匙」——把飯包在現烤出爐的皮塔餅（pita）裡。而除了氣泡飲料，巴勒斯坦人也喜歡搭著特製的「酸奶」吃飯。這些酸奶和希臘式或臺式優格有些不同，不帶甜味，口味偏酸，搭著吃反而解掉飯裡油膩的味道，但也因此很容易讓人忘情地一口接一口。

飯後必定少不了甜點，而吃甜點絕對不能沒有薄荷茶、鼠尾草茶或阿拉伯咖啡做為陪襯，這也是為什麼阿拉伯人通常奉茶與咖啡時，總是用類似濃縮咖啡大小的杯子承裝——因為他們絕對不會只喝一杯！

樹的生命傳承：每個巴勒斯坦人心裡都有一片橄欖樹園

巴勒斯坦色香味俱全的各式料理中，除了新鮮食材與運用得宜的各色香料外，「橄欖油」是不可或缺的中樞元素。

曾有人說：「巴勒斯坦的橄欖油是全世界最政治化的食物。」這樣子的評價其來有自。第一層因素，當然是由於橄欖油之於巴勒斯坦食物，如同水之於萬物。

橄欖樹被巴勒斯坦視為「生命之樹」，小從飲食、身體保養、沐浴，大至經濟收入來源與家國文化的傳承，橄欖與他們生活、生命的一切息息相關，不可或缺。橄欖與橄欖樹對地中海沿岸的幾個國家，無論在文化、歷史、經濟，甚至宗教都有不可漠視的重要性。伊斯蘭的《古蘭經》，猶太教的《舊約全書》與基督教的《新約全書》，都不約而同提起橄欖與橄欖樹——一個生命、重生、韌性與和平的象徵。

每年九月底至十一月初，便是巴勒斯坦橄欖樹熟成，可以採收橄欖的季節。此時上天總會「落雨」，而只有在甘霖之後，橄欖的採收季節才正式開幕。

記得有一年，我與巴勒斯坦朋友一家人一起採收當季的橄欖，並肩坐在橄欖樹下時，他們曾對我說：「橄欖從生到死、從頭到腳都可以利用，一點都不會浪費。」面對橄欖樹，他們總是謙卑且滿懷感恩。

第一次來到橄欖樹園前時，面對滿山遍野的樹，在沒有圍籬的狀況下，不免心生好奇，巴勒斯坦人怎麼知道家族的樹是哪幾棵呢？「我們的祖父、曾曾祖父和曾曾祖父們，代代相傳這些樹給下一代，他們會在樹上不起眼處畫上記號，每個家族都有不同的記號法。我們從小就每年跟著家人一起參與採收，久了，每個人自然都知道哪棵樹是屬於誰的，這些樹就和家人一樣。」

巴勒斯坦歷來傳唱的歌曲與詩詞中，總是不乏橄欖的身影。例如，享譽國際的巴勒斯坦愛國行動派詩人馬哈茂德．達爾維什（Mahmoud Darwish）第一本出版的詩集便名為《橄欖樹之葉》（*Leaves of Olives*），一生所寫的詩中，最常提起的巴勒斯坦象徵物也非橄欖莫屬。他的詩篇〈我屬於那兒〉中，憶起家人在一九四八年以色列建國後被逐出家園、流離失所的情景，他這麼寫著：「我屬於那裡（巴勒斯坦），我有許多回憶，我像每個人那樣誕生……在我詞語深處的地平線，我有一輪月亮，一隻鳥的糧食，和一顆永遠的橄欖樹。」

橄欖樹園與採收橄欖

採收橄欖的過程很講究，一家人先將一大片的尼龍塑膠布或大垃圾袋鋪在樹下，有的人爬上樹梢，有的人用梯子輔助，手拿短小刷子，刷刷刷好幾下，只聽著無數窸窣脆脆落下的聲音，成千上百顆橄欖就這樣噗溜溜地掉下來。最後只需要幾個人合作拉起塑膠布的角落，就可以輕鬆將數不盡的橄欖全部倒入桶子。採下來的新鮮橄欖，一桶接一桶，巴勒斯坦人會將枝葉稍做分離、清理後，再送到鄰近的鄉里橄欖廠去榨成橄欖油。

採收完畢後，坐在樹下，我和朋友躲著正午的豔陽，一眼望去是滿山遍野的橄欖樹，綿延數百哩。在巴勒斯坦，據統計約有一千萬棵橄欖樹，可以榨出超過二萬噸的橄欖油。而每年在巴勒斯坦西岸地區，仍有約一萬棵橄欖樹被新種下。橄欖樹需要許多年持續灌溉、照顧，才能成長茁壯，然而一旦成長，他們的壽命甚長，有的甚至已存活千年，具有深遠的歷史價值。

好友母親在一旁撿拾掉落的橄欖枯枝，蒐集成一座小山並點火，就這樣在野火上煮起阿拉伯咖啡，空氣裡瞬間充滿荳蔻與小茴香的香氣。當時年僅五歲的妹妹在一旁精力旺盛地跑上跑下，不肯罷休，手中提著小水桶，自樹下那一大張接拾橄欖的帆布裡，一落一落地把橄欖收集進桶。

與我同年的朋友與她的姊妹們幫著把帶來的食物從袋子裡一樣樣拿出，擺放在我們的座墊上，圍成一圈，飢腸轆轆的弟弟們立刻衝上前搶食。

鷹嘴豆泥、蠶豆泥、鮪魚、起司球、醃漬小茄子與醃漬橄欖，母親一一在每一道小菜裡注入橄欖油，綠澄澄的橄欖油，瞬間滿溢盤內。一邊倒橄欖油，一邊笑我不敢吃油怕胖的心情：「別怕別怕，橄欖油很健康。」雖然我總直覺性地向他們辯解：「再好的油還是油啊！總是別吃太多了！」但他們像自我催眠般擒住那句話，猛向盤子裡的豆泥再倒入更多橄欖油，一邊向我回憶，小時候媽媽總是在生病失聲時讓他們喝下幾口純純的橄欖油，或者抹在腹痛孩子的肚子上那些兒時記憶。

告別巴勒斯坦的日子裡，回想起這句話，我的嘴角總是揚起：對巴勒斯坦人來說，橄欖油不是普通的油而已。對他們來說，橄欖油就是這麼神奇又神聖啊！

許多樹都有超過百年的樹齡，幾乎每個巴勒斯坦家庭都擁有一畝地，守護著自父親、祖父、曾祖父、曾曾祖父就傳下來的橄欖樹園。每年到了橄欖季節，就會全家大小攜手出動採收，因此，橄欖樹不僅是維持生計的來源，也有家庭一代接一代，和彼

利用採收時落下的橄欖樹枝，巴勒斯坦人
在橄欖樹園內就地升火煮起阿拉伯咖啡

採收橄欖是每年的大工程，需耗時多日，全家人一起採收後會
席地而坐在橄欖樹園內，搭配著橄欖油、吃簡易美食

橄欖與橄欖油製作

此之間情感的聯繫象徵。

換句話說，橄欖在巴勒斯坦儼然不只是食物——這是生命的源頭與文化的傳承，而在那背後象徵最重要的，是家與國。

餐盤裡的戰爭與鄉愁

以色列在巴勒斯坦超過七十年的軍事殖民統治後，以色列的暴力已不僅止於出現在街頭戰場上，使用的武器更不局限於槍炮刀械，另一場文化與歷史的意識形態剝奪之戰漸漸成形——在橄欖樹園裡、餐桌上，食物文化儼然成為另一個以色列試圖搶奪的地盤。

近年來，常常可見打著「以色列餐廳」的名號，奉上的卻是油炸鷹嘴豆餅、鷹嘴豆泥等阿拉伯傳統食物的現象。不僅是餐廳，連以色列官方也接連對外宣傳，這些食物都是他們的「國家與文化食物代表」。

隨著以色列軍隊蠶食鯨吞，占領愈來愈多屬於巴勒斯坦人的土地，數以萬計的橄欖樹也隨之遭殃，被連根拔起，成為猶太屯墾區拓展的新建地。許多世代居此的巴勒斯坦原住家庭則被無預警驅逐，無家可歸，頓失生計。

每年秋季固定的橄欖採收季，因以色列四處設立檢查哨，與猶太屯墾區居民時不時暴力入侵樹園的環境下，變得危機四伏。

「巴勒斯坦的食物，不僅是食物這麼簡單而已，也代表了我們的文化，象徵著聯繫我們家人與家國的精神代表。巴勒斯坦在以色列建國後，有許多難民被迫世代遷離，有家歸不得，像我一樣。我雖然是巴勒斯坦人，但我是出生在約旦的巴勒斯坦難民。在現實中，我不能回家，只能站在約旦的死海邊遙望對岸——那是我能夠走到且離巴勒斯坦最近的地方。但我知道每道關於巴勒斯坦料理的故事，我的母親、祖母，她們總是一面煮這些食物，一面告訴我，關於國家的每一件事情。」撰寫《餐盤裡的巴勒斯坦》（*Palestine on a Plate: Memories from My Mother's Kitchen*）的英國籍巴勒斯坦難民朱蒂・卡拉（Joudie Kalla），解釋著她開始學習巴勒斯坦傳統料理的初衷，「我們藉著食物滿足鄉愁，也因著這些鄉愁，我們努力保存、傳承自己的飲食與文化。」

或許在野地裡的戰爭，巴勒斯坦人沒有裝甲坦克車，也沒有子彈與手榴彈，但他們總是敞開雙臂，在餐盤中戰爭，以最令人口舌難忘的美食，擄獲世界各地人們的心。雖然仍有許多人喜歡爭辯料理的歸屬問題，然而美食當前，哪個民族創造哪道料理，早已不是最需要被追根究柢的問題，最重要的是在食物與人之間，共同創造出來的回憶和創作料理的過程。

料理一代代被保存下來，那些祖母的食譜、曾祖母的料理故事，或是祖父挾著父親叔伯自市集或園中帶回的新鮮食材，那些人與人互動的溫暖和文化的流動與傳承，才是真正在巴勒斯坦食物中最核心的價值。

巴勒斯坦首輛行動彩繪餐車

「因為我們想念自由啊！九年裡每天都被關在那小小的房間裡，想去哪都沒辦法，只是想看一眼天空都難，那時我們還在監獄就決定了，等我們出去後，一定要讓自己想去哪就去哪，再也別受限於任何空間。」站在巴勒斯坦全國第一輛也是唯一一輛經過巴勒斯坦自治政府官方授權，擁有電力、瓦斯和行車執照的行動餐車上，餐車的創辦人之一——哈勒頓（Khalid）這麼告訴我。

那天，我來到位於拉馬拉市的馬納拉廣場，貫穿城市主要六條大馬路，每個從城市這一端前往另一端的人車，總得經過這個重點匯集處。四隻面貌威嚴的獅子雄赳赳鎮守中心圓環，眼觀四面，像是仔細地端詳、關注著過往行車的一舉一動。

沿著熱鬧無比的以勒薩街（Irsa）走下去，循著一陣麵包與烤肉的焦香味走去，腳步凝駐在一輛停在馬路邊、漆著五彩色料的小餐車前。小餐車的外型獨特，從車頭看去是張大大的笑臉，兩顆骨溜溜的黑眼珠，像是對人拋媚眼說著「快來呀」，讓人一看就不禁會心一笑。車身由大塊的紫色、紅色、綠色拼成，遠看有點像是迷航於星際一般，近看則又可以發現許多設計的圖案小細節。車身由迷你卡車改造，卸下其中一邊的車板，讓車身半開，改裝成透明食材餐櫃，由左至右，從各種肉類、起司、青菜沙拉到不同類型的麵包，整齊地擺放在內，讓客人吃到食物前，可以先看到食材的樣貌。車子最上端的斗大招牌，是用阿拉伯文與英文寫的行動小餐車車名——「食物火車」！

事實上，巴勒斯坦的街頭小吃盛行，到處都可以見到推著一輛輛鑲著四輪或兩輪推車的簡易小食鋪或水果、麵包攤，沿途賣力地叫賣著。而大馬路邊也總綴滿了商店與餐廳，以每三家店一定有一家是小餐廳或點心咖啡吧的比例望去，不難看出巴勒斯坦對美食的熱愛，與對餐廳的重視性，絕對不亞於以食為天的臺灣！但在琳琅滿目的商店與車水馬龍的街道上，這輛餐車卻格外顯眼。

我駐足觀望，客人往來絡繹不絕，現在是下午三點，來買食物的客源大多是學生、穿戴整齊的辦公室婦女，或者攜著年紀尚小的幼童出來採買今晚晚餐、明早早餐食材的家庭主婦。巴勒斯坦人的作息和臺灣有些微不同，許多人自早上八點開始上班，一路工作到下午三點，中間沒有午休、午飯時間。

等一陣人潮散去後，我趨前想點餐，點菜板上寫著阿拉伯文，我沿著菜名一個一個看去，試著連結腦海記憶中大學學習的阿拉伯文字典。「需要幫忙嗎？」一個中年男子自餐車裡探出頭來，咧著嘴微笑地望著我。我表示自己是前一天致電給他要做採訪的臺灣人，他開心地點點頭，向我自我介紹，他正是我聽了許多人描述、讚許過的食物火車老闆——哈勒頓。

我挑了一個辣炒雞肉口味的三明治，只見他熟稔地拿出鐵板鍋鏟，迅速地下料、拌醬、快炒，控制瓦斯火候，陣陣香味撲鼻而來，炒肉時的煙霧迷濛了他的側臉，不到五分鐘，熱騰騰的三明治就呈現在我面前。一口咬下，嗆辣的熱炒辣椒雞肉塊，伴隨著焦香的洋蔥碎塊和獨特醬料，瞬間像是有一群活躍的鼓手，在我的嘴內舌尖上跳上跳下地敲擊出一連串輕重不一、時徐時緩的節奏。

食物火車的首創人哈勒頓和阿布·拉赫曼（Abu Rahman），九年前都因身為活躍的巴勒斯坦社運分子，被以色列政府以政治理念不正確逮捕入獄，服刑期間被派發至伙食組，每天負責烹煮幾千人的食物，意外的，兩人漸漸對料理產生興趣，也成為摯友。還沒出獄前，兩人就討論要一起完成這個行動餐車的夢想。

哈勒頓跳下餐車來到我旁邊，開始一邊指著菜單上的菜名，一邊比手畫腳般用玻璃餐櫃的食材向我解釋，「這個是雞胸肉口味的漢堡，希伯崙的人都比較愛吃這個；那個是炸雞塊三明治，傑寧來的人都愛吃這味配上馬鈴薯，從北方城市來的和南方城市的口味還是有點不同。還有這個，牛肉排和辣味雞肉都是自己手做，我們拉馬拉人什麼都愛吃，但新鮮最重要！」

在監獄裡，哈勒頓遇到來自巴勒斯坦各個城市和鄉鎮的獄友，認識不同地方的飲食文化後，與拉赫曼設計菜單與餐點時，除了眾所周知的鷹嘴豆泥和油炸鷹嘴豆餅等傳統巴勒斯坦食物外，特別讓一系列的菜單內像是濃縮的巴勒斯坦食堂，融合、搭配不同地區的飲食習慣和喜好，再自行衍生研發出更多新口味。

接著他驕傲地解釋，這輛車由外至內都是他和朋友親手打造、彩繪，我稱讚車子的彩繪塗鴉美麗而獨特：「這麼繽紛的色彩，看了心情真好！」哈勒頓慨嘆：「是啊！妳不知道在監獄那九年，我們每天只看得見白色的牆和棕色囚服，都快忘記世界還有什麼顏色了。」

他還特別指出這輛車完全不依靠電力，支持車內放飲料與食材小冰櫃的電力都是來自車頂上方加裝的好幾片太陽能板。「在監獄裡，以色列士兵總是用電來折磨我們，有時用電擊棒來懲罰，有時則是切斷牢房裡的電源，讓我們處處受限。」說到這裡，他嘴角的微笑似乎僵滯了。

「被逮捕入獄這種事情好像愈來愈平常了，有時我們和朋友打招呼的方式都變成：『嘿！好久不見！』『是啊！我昨天剛出獄。』我們還常嘲笑彼此可以拿到監獄畢業證書了，還可以比誰比較早畢業或誰延畢。」

根據巴勒斯坦囚犯研究中心（Palestinian Center for Prisoners Studies Riad al-Ashqar）統計，自一九六七年至二〇二一年，有超過一百萬的巴勒斯坦人曾遭以色列軍隊逮捕入獄，平均每五人就有一人被逮捕羈押過。這些數據過去幾年不但沒有趨緩，反而開始有急速增長的跡象，被逮捕入獄對巴勒斯坦人的日常生活來說，似乎已經愈來愈像是家常便飯的事情。

老闆熟練地準
備食物

日間停放在拉
馬拉市中心醒
目的彩色行動
彩繪餐車

夜間停放在拉
馬拉市中心醒
目的彩色行動
彩繪餐車

造訪彩繪餐車的
巴勒斯坦母子

彩繪餐車的顧客
絡繹不絕

天色漸暗，哈勒頓的夥伴前來交接，也曾在以色列監獄服刑五年的安哲（Anjad）高興地自我介紹，拍拍自己微突的肚皮說：「我本來就很愛料理，所以很開心能在這裡工作，畢竟很多人被關了幾年後，都和社會脫節了，找工作也很困難，但在食物火車，我覺得很自由、很快樂。」

半年前開張的這輛食物火車，因為生意興旺，已經擴展成四個人的迷你公司，客源分布廣泛，一開始雖然吸引的大多是聽過勵志的背景故事或對彩繪餐車感到好奇而前來朝聖的客人，但現在成為許多老饕熟客每日必當造訪的原因，主要還是美味的食物和熱心爽朗的服務態度。

他們開著餐車，沿著以勒薩街回到馬納拉廣場上，這個廣場是晚上的販賣據點。只見車子剛一停好，又是一群客人趨上前來，安哲顧不得說話，趕緊忙碌起來。「我愛這種忙碌的感覺，畢竟這就是人生啊！我們努力工作，努力活著。」餵飽一群飢腸轆轆的學童後，安哲轉身對我微笑，擦擦額上的汗水，隨即，他又繼續拿出冰櫃的食材，準備下一份餐點，重複再熟知不過的料理步驟。

後記

巴勒斯坦的未來是什麼？

巴勒斯坦還有什麼樂趣可言？還有什麼故事可看？不是都一樣嗎？

巴勒斯坦有什麼不同，值得記者與旅人們佇足一看呢？巴勒斯坦的未來在哪裡？又是什麼呢？

書寫巴勒斯坦這麼多年，這些問題不只許多讀者好奇，也曾經浮現在我心中。

與巴勒斯坦當地記者合照

讀著蘇珊・阿布哈瓦（Susan Abulhawa）的《哭泣的橄欖樹》（*Mornings in Jenin*）時，一段話如暮鼓晨鐘般，在我心上重重地敲了一記：

「我們悲傷，是因為我們不斷地喪失，死亡和我們的家人一樣，唯有避開才會使你幸福，但家人畢竟還是家人。我們的憤怒是西方人所無法理解的，我們的傷痛足以使岩石為之哭泣，我們愛的方式也不例外。」

曾駐點巴勒斯坦，與巴勒斯坦人面對面生活、對話後，我看見了最深刻的愛，這些愛不只是人與人之間，也是人對土地、家與國的愛。我理解到幾乎每個巴勒斯坦人的一生都是在矛盾和衝突中度過——即使生活環境困頓，每天都可能有生命危險，但他們努力把握當下；也正是因為死神總在門邊徘徊，死亡的氣味總是瀰漫整個巴勒斯坦，他們更想努力活著，用心地愛。

現在問我巴勒斯坦的未來是什麼，我的答案是：**希望**。

這個答案聽起來很抽象、很不切實際，但現實上來說，這便是巴勒斯坦人在以色列軍事殖民逾一甲子後，還能繼續支持著他們抵抗下去的軸心精髓與精神。在絕望的現實中，持續往或許充滿希望的未來邁進。

二〇二一年五月，謝赫賈拉社區強制遷村和以軍空襲加薩事件發生後，透過社群媒體訊息無遠弗屆傳送的力量，以及將世界各地不平等事件的支持者與巴勒斯坦議題串連——例如黑人的命也是命、定居者殖民主義（Settler Colonialism）下的原住民議題——我們看見全世界支持巴勒斯坦的人們自主自發地上街頭遊行、抗議。

許多不同以往的聲音開始發酵，網路傳播第一手資料訊息的速度，使許多主流新聞媒體就算想要忽略巴勒斯坦人的聲音，也不得不開始關注，愈來愈多閱聽眾寫信投書要求真正的「平衡報導」——去汙名化巴勒斯坦人的反殖民運動，不再以恐怖攻擊看待巴

加薩足球，即使生活不便，
巴勒斯坦人仍從中尋找希望
攝影記者阿赫瑪德・扎庫特

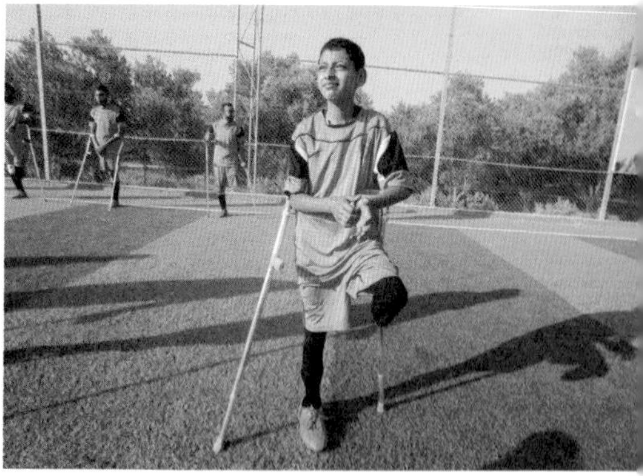

加薩孩童，即便行動不便，
依然用微笑面對生活
攝影記者阿赫瑪德・扎庫特

勒斯坦人民對抗以色列軍隊的行為，不再以衝突與戰爭美化以色列身為殖民政府進行種族隔離政策的真相。

謝赫賈拉社區成功運用社群媒體平臺力量，引燃一連串聲援巴勒斯坦的起義運動，身為領導人之一的穆罕默德·柯德（Mohammed El-Kurd）在一段與美國羅格斯大學（Rutgers University）的巴勒斯坦教授努拉·艾拉卡特（Noura Erakat）的訪問對談中這麼說：

「不管是誰，如果讓他們每天生活在令人窒息的以色列軍事殖民下，這些起義抗爭注定會發生。只要以色列的殖民占領沒有結束，只要定居者殖民主義仍大行其道，這些人民起義必會不顧一切地不斷發生，直到結束占領與殖民的那一天。」

穆罕默德強調，這個世代的巴勒斯坦人發展出全新的抵抗模式——運用網路傳送影像與文字，以巴勒斯坦人之口說出他們的歷史與心聲。過去主流媒體和親錫安主義的西方政府不斷噤聲巴勒斯坦的這個現象，將注定會不斷被更多拿著手機、相機站在最前線的巴勒斯坦人挑戰。

看似毫無希望的未來已經變成推動巴勒斯坦人尋求其他出路的最大動力，上一代的巴勒斯坦人推動三次人民大起義，就算是以石頭反擊以色列的坦克車與槍炮也毫不畏懼；新一代無論是在世界各地的難民與移民後代，亦或是仍在那片土地上以四種身分證努力生存的巴勒斯坦人，他們推動起義來爭取獨立未來的重點將不再是比較誰的軍事武力最先進，他們握有最大的武器是知識與有一天將「回家」的希望。

　　這份希望將因著世界各地每一個人願意站出來發聲而茁壯，巴勒斯坦的災難日與建國之路的掙扎是世界大戰後國際政治、經濟角力下的悲劇；同樣的，巴勒斯坦能夠築夢建國的未來，也必須靠地球村的公民團結加入。

拉馬拉的遊行抗議現場

附錄

巴勒斯坦食譜與美食饗宴

前菜

皆可搭配皮塔餅或無調味餅乾食用。

皮塔餅

A 鷹嘴豆泥

用具：搗臼／食物料理機。

食材：鷹嘴豆罐頭、Tahini 中東芝麻醬、檸檬一顆、橄欖油、辣椒少許（非必要）、蒜頭少許（非必要）。

做法：

1. 將罐頭的水和鷹嘴豆分開，罐頭水可保留在旁邊，把鷹嘴豆放入搗臼或食物料理機搗成泥狀。
2. 加入一～二匙的 Tahini 醬，依個人喜好濃稠度，加入一些罐頭水。
3. 將辣椒與蒜頭切成小碎丁並倒入（非必要）。

鷹嘴豆泥

4. 加入檸檬汁攪拌均勻。

5. 淋上橄欖油則可食用。

B 巴巴加泥／茄泥沾醬（Baba ghanoush/Moutabbal）

用具：烤箱烤盤、搗杵、細濾網。

食材：大茄子一～二顆（類似蔬果為日本圓茄）、Tahini 中東芝麻醬、檸檬一顆、辣椒少許、橄欖油。

做法：

1. 在茄子四面劃上幾刀，讓表面有縫隙，放入烤箱烘烤約三十～四十分鐘。
2. 待茄子軟化且水分完全釋出後，可以用筷子或叉子輕戳測試軟度。
3. 若茄子完全軟化，可自烤箱取出，在細濾網內將烤過的熱茄子紫黑表皮完全剝除。
4. 用搗杵擠壓茄子，將多餘的水分再次擠出，直到茄子被搗成泥狀且沒有多餘水分。

5. 將辣椒切成小碎丁和入鹽巴，再加入茄泥。
6. 加入一～二匙 Tahini 中東芝麻醬。
7. 擠入檸檬汁攪合均勻，淋上橄欖油後即可食用。

C 中東蠶豆泥（Foul）

用具：平底鍋、搗杵。
食材：蠶豆泥罐頭、檸檬一顆、辣椒少許、巴西里少許、橄欖油。
做法：
1. 將蠶豆泥放入平底鍋以小火加熱，邊加熱邊搗成泥。
2. 將辣椒切成小碎丁加入（非必要）。
3. 加入檸檬汁。
4. 關火放入盤子內，撒上巴西里，淋上橄欖油後即可食用。

沙拉

塔布勒沙拉（Tabbouleh）

用具：大玻璃沙拉碗、沙拉攪拌木匙。

食材：香菜／巴西里二把、薄荷葉少許、中型牛番茄三顆、碾碎的乾小麥（Bulgur Wheat）一杯、洋蔥、蔥少許（非必要）、檸檬半顆、鹽、黑胡椒、橄欖油。

做法：將所有食材切成細丁，全部放入玻璃沙拉盆，撒上鹽巴、黑胡椒，擠上新鮮檸檬，淋上橄欖油，均勻混合後，即可享用。

主食

A　四人份巴勒斯坦倒栽蔥盆飯

用具：大鑄鐵鍋、圓形平底鐵盤（大小需足夠覆蓋整個鍋子）、炒鍋（小型＋中型）、油炸鍋＋濾油網、量杯。

食材：白米二杯、罐頭鷹嘴豆一杯、大茄子一～二顆、牛番茄三顆、花椰菜半顆～一顆、馬鈴薯二顆、中型洋蔥二～三顆（食素者可省略）、薑黃粉少許、鮮雞粉少許、雞湯塊／素食湯塊二塊、鹽、黑胡椒、奶油一小塊、橄欖油、雞肉一盒（視個人偏好選擇雞腿或雞胸，但建議使用雞腿肉，燉煮後比較不會乾柴；食素者可省略，或者以不容易碎、煎熟的板豆腐和素雞替代）。

做法：

1. 洗兩個量杯大小的白米，浸泡十分鐘。

巴勒斯坦菜餚倒栽蔥盆飯

2. 將大茄子、馬鈴薯與牛番茄切薄片備著，花椰菜切成大塊狀。建議大茄子可以前一晚洗淨切好後在表面撒鹽巴，可以幫助茄子脫去多餘的水分，方便油炸。

3. 油炸備好的美國茄、馬鈴薯與花椰菜。

4. （素食者可免除此步驟）在預熱的中型煮鍋中以條狀洋蔥和洗淨的雞肉一起拌炒至三分熟，有香味溢出即可，加入熱水至鍋中能蓋過全部雞肉的高度，加入香料：孜然、雞粉、黑胡椒。

5. 將浸泡的白米瀝乾，加入一量杯的罐頭鷹嘴豆、少許鹽巴、黑胡椒、薑黃粉、素食／雞湯塊（捏碎成粉末加入），均勻混合。

6. （素食者可免除此步驟）將洋蔥切成條狀，加入預熱好油的小炒鍋，油炒至焦黃後，加入前一步驟的米飯混合料裡。

7. 待所有的備料都炸熟，準備好鑄鐵鍋，在鍋底抹上一層薄油，鋪上切成薄片狀的牛番茄，將整個鍋底鋪滿牛番茄，再慢慢地疊放大茄子、馬鈴薯與花椰菜，蔬菜疊好後再開始疊上雞肉／素肉。

8. 當所有的備料都疊好後，倒入米飯混合料，讓未煮的米飯混料可以完全覆蓋住剛剛的蔬菜備料。

9. 緩慢加入兩杯半至三杯半的溫水，可以以手輔助或用湯匙慢慢注入，以免將剛剛層疊好的鍋料掀起，水的高度應超過米飯層上一個指節。

10. 大火燉煮直到鍋內水滾。

11. 轉至中火，蓋上鍋蓋，燉煮約二十五～三十分鐘。期間需確認鍋內水分是否已完全吸收，可以以筷子輔助查看中層米飯或蔬菜備料間是否還有許多未吸收的水分。

12. 當水分都已吸收蒸發後，在上層米飯上放入一小塊奶油，再蓋上鍋蓋燉煮三～五分鐘。

13. 關火後不開鍋蓋，燜約半小時，讓鍋內食材可以充分吸收混合彼此的香味。

14. 半小時後，打開鍋蓋，取圓形大鐵盤蓋住鐵鍋，並將鐵鍋整個翻覆疊在鐵盤之上，慢慢拿起鐵鍋，即可完成。

B 油炸鷹嘴豆餅

用具：炸鍋、濾網、淺塑膠盆（用以混合食材用）、食物調理機。

食材：乾鷹嘴豆、巴西里兩把、香菜兩把、蒔蘿一把、孜然粉、鹽、黑胡椒、泡打粉。

做法：

1. 將乾鷹嘴豆在前一天先洗過後浸泡在水中（至少十小時）。
2. 料理當天清洗菜類，並將水濾掉。
3. 將豆子與菜類分批放入食物調理機中攪和均勻碾碎。
4. 將混合物放入淺塑膠盆中，加入少許鹽巴、黑胡椒，撒上孜然粉和少許泡

油炸鷹嘴豆餅

打粉。

5. 加入半個～一個量杯的溫水，以手將全部食材攪和均勻。

6. 炸鍋內熱油，待溫度高至可以炸食物後，將混合物在手中捏成扁平圓球狀入鍋油炸，待豆泥餅炸熟後取出，再以濾網過濾多餘的油。

7. 炸好的豆餅可以依照個人喜好直接沾食番茄醬、甜辣醬、鷹嘴豆泥醬食用，或者用皮塔餅塗抹美乃滋、鷹嘴豆泥醬後，加入生菜與豆餅成三明治食用。

點心

A　阿拉伯式米布丁

用具：大鑄鐵鍋、電鍋、量杯、玻璃甜點盆。

食材：白米一杯、牛奶四杯（素食者或乳糖不耐者可以椰奶、杏仁奶、豆奶替代，若增加煮食量，則保持米：奶為一：四的比例）、食用香草精少許、玉米粉少許、白糖或黑砂糖少許（可以蜂蜜與楓糖在甜點做好後取代）、肉桂粉、葡萄乾、開心果。

做法：

1. 將牛／植物奶倒入鍋中，加熱至煮沸。
2. 與此同時，可用電鍋將生米煮熟，米與水的比例為一：二。
3. 在煮沸的奶中加入糖與香草精（無糖版則可省略放糖）。
4. 將炊熟的米加入滾沸的奶中，轉小火，燉煮十五～二十分鐘，期間需不斷攪拌，以免白米沉澱鍋底燒焦。
5. 二十分鐘後，開始變得較為濃稠時，取一量杯的水混合玉米粉，倒入鍋中。
6. 待三～五分鐘，開始冒小泡泡後，則可熄火。
7. 將煮物倒入玻璃點心盆內，待放涼後，可在其上以肉桂粉、搗碎的開心果與葡萄乾做裝飾。

B　黎巴嫩之夜（Layali Labnan）

用具：煮鍋、攪拌匙、玻璃甜點盆、搗杵擣臼。

食材：牛奶（素食者或乳糖不耐者可以椰奶、杏仁奶、豆奶替代）、粗粒小麥粉（semolina）、黑糖／白砂糖（非必要）、玫瑰水或其他可食用花水、鮮奶油（非必要）、肉桂粉少許、開心果少許。

做法：

1. 倒入一杯粗粒小麥粉，混合五杯奶入煮鍋內以中火燉煮至鍋中的奶沸騰（粉比奶一：五），加入一杯玫瑰水混合均勻。
2. 切至小火，繼續不斷攪拌二十～三十分鐘。
3. 觀察鍋內的奶至其開始變濃稠後熄火。
4. 倒入點心玻璃盆中。
5. 可依個人喜好在其上均勻抹上一層鮮奶油。
6. 將開心果去殼搗碎，混合肉桂粉後撒上即可食用。

那不勒斯肯納法 Kunafeh Nablasia

巴勒斯坦菜餚 Maftool

巴勒斯坦耶路撒冷麵包

巴勒斯坦菜餚 Rumanniya

製作肯納法 Kunafeh

耶路撒冷舊城香料塔

Across 063

這才是真實的巴勒斯坦：以色列殖民、種族隔離下的抵抗與希望

作　者—王冠云（Cynthia Wang）
主　編—邱憶伶
責任編輯—陳映儒
行銷企畫—林欣梅
封面設計—兒日
內頁插畫—久久童畫工作室－葉小貓
內頁設計—張靜怡

編輯總監—蘇清霖
董 事 長—趙政岷
出 版 者—時報文化出版企業股份有限公司
一〇八〇一九臺北市和平西路三段二四〇號三樓
發行專線—（〇二）二三〇六—六八四二
讀者服務專線—〇八〇〇—二三一—七〇五
（〇二）二三〇四—七一〇三
讀者服務傳真—（〇二）二三〇四—六八五八
郵撥—一九三四四七二四時報文化出版公司
信箱—一〇八九九臺北華江橋郵局第九九信箱

時報悅讀網—http://www.readingtimes.com.tw
電子郵件信箱—newstudy@readingtimes.com.tw
時報出版愛讀者粉絲團—https://www.facebook.com/readingtimes.2
法律顧問—理律法律事務所　陳長文律師、李念祖律師
印　刷—華展印刷有限公司
初版一刷—二〇二二年十月二十八日
初版二刷—二〇二三年十一月二日
定　價—新臺幣四五〇元
（缺頁或破損的書，請寄回更換）

時報文化出版公司成立於一九七五年，
一九九九年股票上櫃公開發行，二〇〇八年脫離中時集團非屬旺中，
以「尊重智慧與創意的文化事業」為信念。

這才是真實的巴勒斯坦：以色列殖民、種族隔離下的抵抗與希望／王冠云（Cynthia Wang）著. -- 初版. -- 臺北市：時報文化出版企業股份有限公司, 2022.10
320 面；14.8×21 公分. --（Across 系列；63）
ISBN 978-626-353-069-0（平裝）

1. CST：中東問題　2. CST：種族隔離
3. CST：巴勒斯坦　4. CST：以色列

578.1935　　111016641

ISBN 978-626-353-069-0
Printed in Taiwan